Mediation in der Betriebsratsarbeit

Einleitung

Der betriebliche Alltag ist sowohl für Arbeitgeber und Arbeitnehmer als auch für Betriebsräte und seine Mitglieder voll von Konfliktsituationen. Dabei stellt grundsätzlich jede Verhandlungssituation einen Konflikt dar, den es zu bewältigen gilt.

Mediation ist eines von verschiedenen Konfliktmanagementtools, das den Betriebsangehörigen zur Verfügung steht, um konstruktive Lösungen zur Beilegung eines Konflikts zu finden. Dieses Werk soll Betriebsräten die wichtigsten Fragen rund um das Thema Mediation beantworten. Dazu gehört insbesondere die Funktionsweise und die Einsatzgebiete der Mediation im Betrieb sowie deren Ablauf, Rahmenbedingungen und besondere Aspekte.

Das BVerfG selbst ist dabei ein großes Konfliktmanagementsystem, bezeichnenderweise für einen Konflikt, den es eigentlich selber erst schafft. Deshalb erkennt man im BVerfG an zahlreichen Stellen, welch hohen Stellenwert der Gesetzgeber einem effektiven und effizienten Konfliktmanagement einräumt. Schon im Grundsatz der vertrauensvollen Zusammenarbeit fordert der Gesetzgeber die Betriebsparteien auf, zum Wohle des Betriebs und der Belegschaft zusammenzuarbeiten. Dass ein Arbeitgeber dabei tendenziell eher den Betrieb und ein Betriebsrat tendenziell eher die Belegschaft im Blick hat, liegt auf der Hand. Deshalb verlangt der Gesetzgeber von den Betriebsparteien darüber hinaus, dass sie in Konfliktsituationen mit dem ernsten Willen, zu einer Einigung zu gelangen, miteinander verhandeln. Dabei kann Mediation ein hocheffektives Konfliktmanagementtool darstellen.

Und so wendet jeder Einigungsstellenvorsitzende und auch jeder Richter im Verfahren mediative Elemente an, um den jeweiligen Konflikt nach Möglichkeit doch gütlich beizulegen. Solche Eskalationen über ein Gerichts- oder Einigungsstellenverfahren sind aber häufig gar nicht nötig, denn den Betriebsparteien steht mit der Mediation eine Verfahrensart zur Verfügung, bei der vergleichbare oder oft noch bessere Verhandlungsergebnisse erzielt werden können.

Die Mediation kann auch für zahlreiche andere Konfliktsituationen eingesetzt werden und spart so regelmäßig Zeit und Kosten. Das hat zur Folge, dass alle Betriebsangehörigen sich bei Nutzung von Mediation in der Regel sehr viel schneller und besser wieder für das einsetzen können, was der Gesetzgeber die ganze Zeit im Auge hat: Das Wohl des Betriebs und der Belegschaft.

Zur besseren Lesbarkeit wurde im Folgenden auf Gendern verzichtet: Alle Formulierungen erfassen stets alle in Frage kommenden Geschlechter.

Der Autor

Dr. Marcus Bauckmann, LL.M.
Rechtsanwalt & Wirtschaftsmediator

Herr Dr. Bauckmann befasst sich seit vielen Jahren mit dem Thema „Mediation“ einerseits und dem Thema „Betriebsrat“ andererseits. Er hat bereits Tausende von Menschen sowohl im Arbeitsrecht und speziell im Betriebsverfassungsrecht als auch zur Mediation geschult und viele davon selbst zu Mediatorinnen und Mediatoren ausgebildet.

Inhaltsübersicht

I. Grundlagen der betrieblichen Mediation
Fragen 1–18

II. Fragen zum Mediator
Fragen 19–25

III. Die Rolle des Betriebsrats im Kontext von Mediation
Fragen 26–31

IV. Mediation zwischen Arbeitgeber und Arbeitnehmer
Fragen 32–33

V. Mediation zwischen einzelnen Arbeitnehmern
Fragen 34–37

VI. Mediation zwischen Arbeitgeber und Betriebsrat
Fragen 38–40

VII. Abgrenzung zur Einigungsstelle
Fragen 41–45

VIII. Mediation innerhalb des Betriebsrats
Fragen 46–49

IX. Kosten der Mediation
Fragen 50–52

X. Konfliktmanagementsysteme
Fragen 53–54

Muster

Der Inhalt der 1. Auflage entspricht dem Inhalt der Online-Edition 40/2025

betriebsrat-plus.beck.de
vahlen.de

ISBN 978 3 8006 7687 3

Wilhelmstraße 9, 80801 München
info@vahlen.de
Druck und Bindung: Himmer GmbH
Steinerne Furt 95, 86167 Augsburg

Redaktion: Sandra Eden, Ass. jur., Verlag Franz Vahlen GmbH, München

Satz: Druckerei C.H.Beck, Nördlingen
Umschlag: Martina Busch, Grafikdesign, Homburg Saar

myclimate
shape our future

vahlen.de/nachhaltig
produktsicherheit.vahlen.de

Gedruckt auf säurefreiem, alterungsbeständigem Papier
(hergestellt aus chlorfrei gebleichtem Zellstoff)

I. Grundlagen der betrieblichen Mediation

Dieses Kapitel führt in die Grundaspekte der Mediation ein. Es gibt einen Überblick darüber, was Mediation überhaupt ausmacht, wie eine solche abläuft und welche Grundsätze dabei gelten.

1. Was ist Mediation?

Eine klare und griffige Definition für Mediation gibt es nicht. Der Gesetzgeber hat aber in § 1 Abs. 1 MediationsG (Mediationsgesetz) Folgendes geregelt:

„Mediation ist ein vertrauliches und strukturiertes Verfahren, bei dem Parteien mithilfe eines oder mehrerer Mediatoren freiwillig und eigenverantwortlich eine einvernehmliche Beilegung ihres Konflikts anstreben."

Ob es sich dabei um eine Legaldefinition handelt, ist umstritten. Jedenfalls ist sie nicht wirklich gelungen, denn viele Fragen bleiben offen, zB bereits die Frage nach der im Gesetz angesprochenen „Struktur" („*...strukturiertes Verfahren...*"), die in der Definition für ein besseres Verständnis enthalten sein müsste. Die Aussage des § 1 Abs. 1 MediationsG lässt sich zudem auch auf viele andere Konfliktmanagementverfahren übertragen, so dass Merkmale für eine Unterscheidbarkeit fehlen bzw. das wirklich Andersartige einer Mediation nicht klar wird.

Mediation lässt sich auf verschiedene Weise umschreiben. Eine gelungenere Definition mag diese sein:

„Mediation ist die Gestaltung eines Kommunikationsprozesses zwischen den Konfliktparteien durch einen neutralen Dritten, damit diese durch Verhandlungen in eigener Verantwortung eine Lösung ihres Konflikts unter Berücksichtigung ihrer individuellen Interessen finden können.

Dabei wird zunächst der Konflikt als solcher (= Vergangenheit) inhaltlich erarbeitet, um ein gemeinsames Wissen über den Konflikt zu erzeugen. Darauffolgend wird auf Basis der aktuellen Interessen der Konfliktpartner (= Gegenwart) versucht, ein gemeinsames Verständnis für die Konfliktursachen und die Bedürfnisse der Beteiligten zu entwickeln. Darauf basierend werden sodann mögliche Lösungsmöglichkeiten (= Zukunft) evaluiert, um auf dieser Basis schließlich zu einer Einigung zu gelangen.

Der Mediator zieht dabei die Kommunikation zu Beginn zu sich, um das Konfliktgespräch nach und nach wieder in die Hände der Konfliktpartner zu geben, um ihnen die Möglichkeit zu eröffnen, nach Klärung der herausfordernden Aspekte wieder konstruktiv miteinander zu verhandeln. Dabei nimmt ein Mediator als Verfahrensführer eine allparteiliche Haltung ein, macht keine inhaltlichen Vorschläge und nimmt keine Bewertungen vor."

2. Was ist Mediation nicht?

Mediation ist nicht zu verwechseln mit Meditation. Aufgrund der sprachlichen Ähnlichkeit der Begriffe scheint Mediation allerdings manchmal als „weich" wahrgenommen zu werden. Dies ist aber nicht zutreffend. Mediation ist alles andere als weich. Es geht um knallharte Verhandlungen unter Berücksichtigung der Interessen der Konfliktparteien. Selbstverständlich sind dabei Emotionen in einem Konflikt nicht wegzudenken, denn jeder Konflikt löst Emotionen aus, die in einem Mediationsverfahren angesprochen und von manchen Parteien auch gezeigt werden.

Mediation ist zudem kein Verfahren, bei dem am Ende ein Dritter den Parteien eine Lösung vorgibt oder gar den Konflikt entscheidet. Diese Mitgestaltungsmöglichkeiten in Bezug auf den inhaltlichen Verlauf einer Mediation als auch in Bezug auf das Ergebnis machen einen der wesentlichen Unterschiede zu anderen Konfliktmanagementverfahren aus.

3. Was sind die Vorteile von Mediation?

Hier ist zuerst die Möglichkeit zu nennen, dass die Konfliktparteien das Ergebnis mitgestalten können. Dies ist in entscheidungsorientierten Verfahren nur sehr begrenzt bis gar nicht möglich.

Zudem sind die Lösungsmöglichkeiten vielfältig, während ein Richter in einem Gerichtsverfahren immer an den Antrag der klagenden Parteien gebunden ist.

Mediationsverfahren bieten gegenüber einem Gerichtsverfahren zudem den Vorteil der **Vertraulichkeit** bzw. Nicht-Öffentlichkeit. Zudem können Mediationsverfahren ohne großen zeitlichen Vorlauf starten. In der Regel kann ein Mediationstermin innerhalb weniger Tage stattfinden.

Oftmals sind Mediationsverfahren auch billiger als Gerichts- oder Einigungsstellenverfahren.

4. Was sind die Nachteile von Mediation?

Selbstverständlich gibt es auch bei der Mediation Aspekte, die nicht nur positiv bzw. vorteilhaft sind.

Eines der Prinzipien der Mediation (→ *Frage 13: Gibt es andere Grundsätze für eine Mediation?*) ist die **Eigenverantwortlichkeit**. Von dieser Eigenverantwortlichkeit können Beteiligte in einem Mediationsverfahren (auch **Medianden** genannt) überfordert sein, was eine Lösungsfindung erschwert oder unmöglich macht oder auch zu nachteiligen Ergebnissen für einzelne Beteiligte führen kann.

Ein weiteres Prinzip der Mediation ist die **Offenheit**. Diese kann vom Konfliktgegner theoretisch auch ausgenutzt werden, vor allem wenn Dinge offenbart werden, die zuvor nicht bekannt waren und die dann gegen die offenbarende Seite verwendet werden können.

Ferner kann Mediation günstiger als zB ein Einigungsstellenverfahren oder ein Gerichtsverfahren sein, muss es aber nicht. Insbesondere ist regelmäßig nur eine erfolgreich abgeschlossene Mediation günstiger, da diese anderen streitigen Verfahren sonst im Anschluss zusätzlich durchgeführt werden (müssen) und so weitere Kosten verursachen.

Ein Nachteil kann auch sein, dass es keine staatliche Kontrolle des Ergebnisses einer Mediation gibt. Wenn zB ein Mediator nicht sauber gearbeitet hat und/oder seinen Pflichten nicht nachgekommen ist, vielleicht sogar Vorschläge gemacht hat, die für einzelne oder alle Beteiligte negative Folgen haben, kann dies eventuell nicht mehr korrigiert werden. In einem Gerichtsverfahren hat man hingegen die Möglichkeit, ein Urteil im Rahmen einer Berufung und ggf. auch einer Revision auf Fehler der Vorinstanz überprüfen zu lassen.

5. Was ist das Besondere an betrieblicher Mediation?

In einer betrieblichen Mediation findet die Mediation im Kontext betrieblicher Themen statt. Wie im Arbeits- und Betriebsverfassungsrecht oftmals wichtig, ist auch hier die Bezeichnung bewusst abzugrenzen zB von „unternehmerischer Mediation“. Beides sind Teile des Fachbereichs der Wirtschaftsmediation. Während unternehmerische Mediation eher den Bereich der Gesellschafterstreitigkeiten betrifft, geht es bei betrieblicher Mediation dagegen um Konflikte im Zusammenhang mit Arbeitsverhältnissen bzw. arbeitsrechtlichen Fragen.

Die Herangehensweise bei betrieblicher Mediation verlangt gerade vom Mediator ein Verständnis von betrieblichen Strukturen und – soweit am Konflikt beteiligt – auch von rechtlichen Aspekten rund um das Thema „Betriebsrat“.

6. Welche Fallkonstellationen gibt es?

In betrieblichen Mediationen geht es um die Konfliktbearbeitung von eskalierenden Situationen in verschiedenen Konstellationen. So können Konflikte in Bezug auf das Arbeitsverhältnis direkt zwischen Arbeitgeber und Arbeitnehmer Gegenstand einer Mediation sein (→ *IV. Einleitung*), genauso wie Konflikte zwischen Arbeitnehmern sowohl gleicher als auch unterschiedlicher Hierarchien, zB in Mobbingsituationen oder bei Leistungsbewertungen (→ *V. Einleitung*). Auch Teamkonflikte zwischen mehreren (hierarchisch gleichrangigen) Teammitgliedern oder der Teammitglieder mit der Teamleitung können in einer Mediation bearbeitet werden. Im Kontext der Betriebsratsarbeit kann es Konfliktsituationen zwischen Arbeitgeber (auch in Form einer Personalleitung oder Personalabteilung) und dem Betriebsrat geben (→ *VI. Einleitung*), aber auch innerhalb eines Betriebsrats kommt es nicht selten zu Konflikten, die mediiert werden können (→ *VIII. Einleitung*).

7. Was ist der Unterschied zu anderen Konfliktmanagementtools?

Es gibt neben der Mediation zahlreiche andere Konfliktmanagementtools, die oft nur schwer und sehr unscharf voneinander abgegrenzt werden können. Die meisten anderen Konfliktmanagementtools sind darauf fokussiert, den Konfliktparteien am Ende irgendeine Form von Lösung zu präsentieren. Dies geschieht zB insbesondere bei einer Schlichtung, wo der Schlichter am Ende, für den Fall, dass sich die Beteiligten nicht einigen können, einen konkreten Lösungsvorschlag unterbreitet. Dieser Vorschlag ist zwar nicht zwingend, löst aber regelmäßig einen gewissen Bindungsdruck bei den Konfliktparteien aus.

Außerdem ist eine Mediation stets freiwillig, was ebenfalls nicht für alle anderen Konfliktmanagementtools gilt.

Für die allermeisten anderen Konfliktmanagementtools gibt es zudem keine rechtlichen Vorgaben, wie dies mit dem Mediationsgesetz für die Mediation der Fall ist.

8. Wann bietet es sich an, ein Mediationsverfahren durchzuführen?

Die Durchführung bietet sich immer dann an, wenn es darum geht, eine Beziehung für die Zukunft zu gestalten. Grundgedanke ist, dass die Konfliktpartner im Rahmen der Mediation wieder eigenverantwortlich miteinander verhandeln. Grundelemente für eine Verhandlung sind neben einem Konflikt auch ein Abhängigkeitsverhältnis zwischen den Konfliktpartnern in Bezug auf den Verhandlungsgegenstand.

In Arbeitsverhältnissen besteht eine solche Abhängigkeit natürlich bereits aus dem Arbeitsverhältnis an sich. Hinzukommen können zusätzliche Aspekte wie die Wichtigkeit eines bestimmten Arbeitsnehmers aufgrund seiner Qualifikation, Fach- und Arbeitskräftemangel oder auch Anforderungen der arbeitsgerichtlichen Rechtsprechung (zB das sog. Ultima-ratio-Prinzip im Kündigungsrecht).

Gerade bei Teamkonflikten können Streitigkeiten auch hohe Kosten verursachen, zB infolge von qualitativ oder quantitativ schlechterer Arbeitsleistung; auch sind die Kapazitäten der jeweiligen Führungskraft bei abteilungsinternen Querelen sehr gebunden mit der Aufgabe, die Konflikte zu managen.

Im Verhältnis zwischen Betriebsrat und Arbeitgeber können die betriebsverfassungsrechtlichen Mitbestimmungsrechte eine hohe Abhängigkeit bewirken. Erzwingbare Mitbestimmung im BetrVG bedeutet schlussendlich nichts anderes, als dass der Arbeitgeber entsprechende Maßnahmen nicht mehr ohne ein vorheriges Einvernehmen mit dem Betriebsrat vornehmen oder umsetzen darf. Aus diesem Grund hat der Gesetzgeber auch die Einigungsstelle (§ 76 BetrVG) „erfunden“. Ob eine Mediation eine Alternative zum Einigungsstellenverfahren sein kann, wird an anderer Stelle erörtert (→ *VII. Einleitung*).

Unabhängig davon bieten sich Mediationsverfahren für Konflikte innerhalb eines Betriebsratsgremiums an. Ein Betriebsrat muss im Rahmen von Beschlussfassungen einen Willensbildungsprozess durchlaufen, der auch eskalieren kann. Konflikte können dabei sowohl inhaltlicher Natur als auch persönlicher Natur sein.

9. Wie lange dauert eine Mediation?

Diese Frage kann man seriöserweise nicht pauschal beantworten. Es hängt – wie so oft im Arbeitsrecht – immer vom konkreten Einzelfall, also dem Konfliktthema, dem Umfang der Themen, der Eskalationsstufe, der Anzahl der beteiligten Personen und letztendlich auch von der Einstellung und Haltung der beteiligten Personen und deren Kommunikationsfähigkeit und Lösungsbereitschaft ab.

Vom Grundgedanken dauert eine Mediation umso länger, je mehr Personen beteiligt sind und je eskalierter ein Konflikt bereits ist. Denkbar sind daher Längen von einigen Stunden bis zu mehreren Tagen.

10. Wie läuft ein Mediationsverfahren ab?

Es gibt verschiedene Arbeits- und Herangehensweisen in einer Mediation, die hier nicht sämtlich dargestellt werden können.

Das Basiskonzept in Mediationsverfahren ist dabei das sogenannte **5-Phasenmodell** (Christoph Besemer, Mediation – Vermittlung in Konflikten, Werkstatt für gewaltfreie Aktion, 1996). Nach einer Einleitungsphase, in welcher der Mediator unter anderem die Prinzipien der Mediation und den Ablauf eines Mediationsverfahrens erläutert, werden in der zweiten Phase die Themen des Konflikts gesammelt und strukturiert. In der dritten Phase werden die Interessen der Konfliktparteien erarbeitet und besprochen. In der vierten Phase werden zunächst denkbare Lösungsoptionen gesammelt und dann gemeinsam evaluiert. Sollte es auf dieser Basis als fünfte Phase zu einer Einigung kommen, wird diese schließlich in einer schriftlichen Vereinbarung dokumentiert.

Da Konflikte allerdings dynamisch und die besprochenen Themen oft vielfältig sind, ist diese Struktur nicht zwingend starr. Es kann daher zu verschiedenen Variationen kommen.

→ *Muster 6: Ablauf einer Mediation (5-Phasenmodell)*

11. Verzögert eine Mediation eventuelle rechtsförmliche Verfahren?

Es kann zumindest theoretisch zu Verzögerungen kommen.

Allerdings hindert ein Mediationsverfahren nicht daran, zB ein Gerichtsverfahren einzuleiten, um wichtige gesetzliche Fristen nicht verstreichen zu lassen (zB die dreiwöchige Frist zur Erhebung einer Kündigungsschutzklage nach § 4 S. 1 KSchG). Sinnvollerweise sollte dies der Gegenseite aber kommuniziert werden, um weitere Eskalationen durch einen Überraschungseffekt zu vermeiden.

Unabhängig davon kann eine Mediation in der Regel sehr kurzfristig (also innerhalb weniger Tage) durchgeführt werden, so dass es zu keinen nennenswerten Verzögerungen kommen sollte.

12. Welche rechtlichen Rahmenbedingungen gibt es für Mediationen?

Das Mediationsgesetz gibt einige wenige rechtliche Rahmenbedingungen vor. Zu nennen sind hier das Prinzip der **Freiwilligkeit**, das in den §§ 1 Abs. 1, 2 Abs. 2 und 2 Abs. 5 MediationsG gleich dreimal zum Ausdruck kommt. Der Mediator ist nach § 1 Abs. 2 MediationsG zudem zu **Neutralität** und gemäß § 4 MediationsG zur **Verschwiegenheit** verpflichtet.

Das Mediationsverfahren wird im Mediationsgesetz (das insgesamt nur neun Paragraphen umfasst) nur sehr rudimentär geregelt, die meisten Regeln dort stellen eher ein Berufsrecht für Mediatoren dar.

Die relevanten Aspekte einer Mediation werden darüber hinaus regelmäßig in einem Mediationsvertrag definiert. Auch ist es denkbar, dass eine Betriebsvereinbarung zum betriebsinternen Konfliktmanagement Verfahrensregeln für eine Mediation enthält.

13. Gibt es andere Grundsätze für eine Mediation?

Das Mediationsgesetz spricht in § 2 Abs. 2 von den „Grundsätzen des Mediationsverfahrens". Dies sind insgesamt sechs, von denen fünf im Mediationsgesetz geregelt sind:

- Freiwilligkeit (§ 1 Abs. 1, § 2 Abs. 2 und Abs. 5 MediationsG)
- Neutralität bzw. Allparteilichkeit (§ 1 Abs. 2 MediationsG)
- Offenheit, insbesondere auch Ergebnisoffenheit (nicht im MediationsG geregelt)
- Vertraulichkeit (§ 1 Abs. 1, § 4 MediationsG)
- Eigenverantwortlichkeit (§ 1 Abs. 1 MediationsG)
- Informiertheit (§ 2 Abs. 2 MediationsG)

Freiwilligkeit bedeutet, dass niemand zur Teilnahme an einer Mediation gezwungen werden kann. § 2 Abs. 5 kann eine Mediation jederzeit beendet werden, auch wenn es noch kein Ergebnis gibt. Es kann insoweit zwar Mediationsklauseln in Verträgen geben, die in Arbeitsverträgen allerdings unwirksam wären.

Die **Neutralität** bzw. **Allparteilichkeit** des Mediators verpflichtet diesen, keine Bewertungen vorzunehmen und auch keine Vorschläge zur Lösung eines Konflikts zu machen. Eine konkrete Beratung einzelner Konfliktparteien ist zudem unzulässig. Auch in der Verfahrensführung muss der Mediator stets auf die Durchführung eines fairen und transparenten Verfahrens bedacht sein. Dies bedeutet nicht zwingend, dass der Mediator alle Beteiligten immer genau gleich behandeln muss. Wegen der unterschiedlichen Kommunikationskompetenzen der Menschen ist es vielleicht sogar ausdrücklich erforderlich, hier unterschiedlich vorzugehen; entscheidend ist vielmehr die innere, neutrale Haltung des Mediators.

Die **Offenheit** bedeutet, dass die Beteiligten bereit sein sollen, über ihren Konflikt zu sprechen und nichts absichtlich zu verheimlichen. Zudem sollen die Beteiligten auch bereit sein, über andere Lösungsoptionen als die ursprünglich von ihnen geforderten, zu sprechen.

Vertraulichkeit bedeutet, dass alle Beteiligten über Inhalt, Verlauf und Ergebnis der Mediation Stillschweigen bewahren sollen. Für den Mediator ergibt sich dies als Berufspflicht aus § 4 Mediationsgesetz, zwischen den Konfliktparteien wird eine solche Vertraulichkeit regelmäßig über den Mediationsvertrag vereinbart.

Eigenverantwortlichkeit bedeutet zunächst einmal, dass die Konfliktparteien selbst für die Lösung (also sowohl, dass es zu einer Lösung kommt, also auch wie sich diese inhaltlich gestaltet) und für ihr eigenes Verhalten während einer Mediation verantwortlich sind. Zudem bedeutet dies auch, dass der Mediator keine Beratung oder inhaltliche Bewertung vornimmt und auch keine Lösungsvorschläge unterbreitet.

Bei der **Informiertheit** geht es schließlich darum, dass der Mediator darauf achten soll, dass die Parteien keine uninformierten Entscheidungen treffen und sich bewusst sind, was eine mögliche Einigung für sie rechtlich, steuerlich, wirtschaftlich und natürlich auch persönlich bedeutet. Eine konkrete Beratungspflicht des Mediators ist damit nicht gemeint. Der Mediator hat die Beteiligten vor einer eventuellen Unterschrift einer rechtsverbindlichen Vereinbarung jedoch darauf hinzuweisen, dass sie die Vereinbarung zuvor von einem Berater prüfen lassen können.

→ *Muster 7: Prinzipien der Mediation*

14. Was muss vor einer Mediation geschehen?

Die Konfliktbeteiligten müssen sich darauf einigen, eine Mediation durchführen zu wollen, sie müssen sich auf einen Mediator einigen und diesen beauftragen. Schließlich müssen Zeit und Ort für die Mediation abgestimmt werden.

In der Regel wird zeitlich vor einer Mediation auch der Mediationsvertrag abgeschlossen, indem unter anderem auch die Kosten des Mediators geregelt sind. Dies muss aber nicht zwingend im Vorfeld der Mediation geschehen, sondern kann auch noch zu Beginn der Mediation erfolgen.

15. Muss man, wie im Gericht, Anträge stellen und schriftliche Ausführungen zum Konflikt machen?

Nein. Dies ist sogar unüblich und rechtlich auch nicht vorgesehen.

16. Wie verbindlich ist das Ergebnis einer Mediation?

Das kommt auf das Ergebnis der Mediation an. Wenn eine konkrete Abschlussvereinbarung geschlossen werden soll, handelt es sich dabei, juristisch gesehen, um einen rechtlich verbindlichen Vertrag und die Beteiligten sind zur Erfüllung dieser Vereinbarung verpflichtet.

17. Ist eine Mediation vertraulich, dh sind die Beteiligten zur Verschwiegenheit verpflichtet?

Das Mediationsgesetz definiert Mediation als ein vertrauliches Verfahren. Aus dem Gesetz heraus ergibt sich allerdings lediglich eine Verschwiegenheitspflicht für den Mediator. Für die Parteien muss diese Verschwiegenheitspflicht im Mediationsvertrag zusätzlich und ausdrücklich vereinbart werden.

Die Verschwiegenheitspflicht von Mediatoren muss dabei allerdings genauer beleuchtet werden. Eine Verschwiegenheitspflicht funktioniert gerade dann besonders gut, wenn es nicht nur eine Pflicht zu Schweigen gibt, sondern auch ein Recht zu Schweigen, und wenn Verstöße gegen diese Pflicht hinreichend sanktioniert werden.

Beide Aspekte können je nach Wahl des Mediators herausfordernd sein. Mediatoren haben für das Verfahren vor den Zivilgerichten (einschließlich des Arbeitsgerichts) ein Zeugnisverweigerungsrecht aus § 383 Abs. 1 Nr. 6 ZPO. Die Verwaltungsgerichtsordnung und das Sozialgerichtsgesetz nehmen für die dortigen Verfahren Bezug darauf, so dass dies auch dort gilt. Ein Mediator muss also in solchen Verfahren keine Zeugenaussage machen. Im Strafverfahren sieht dies allerdings anders aus. Wenn in einer Mediation über strafrechtlich relevantes Verhalten gesprochen wird – und dies kommt gar nicht so selten vor –, könnte ein Mediator sich dort nicht auf ein Zeugnisverweigerungsrecht berufen und müsste aussagen.

Davon gibt es allerdings wiederum eine Ausnahme: Wenn der Mediator auch Rechtsanwalt ist, gilt wegen § 18 BORA das anwaltliche Berufsrecht und der Mediator könnte sich als Rechtsanwalt auf sein Zeugnisverweigerungsrecht aus § 53 StPO berufen. Nichtanwaltliche Mediatoren können das nicht.

Ein Rechtsanwalt als Mediator würde zudem eine Straftat gemäß § 203 StGB begehen, wenn er Dritten gegenüber inhaltlich von einer Mediation berichtet, und er würde entsprechend bestraft werden. Dies bietet einen zusätzlichen Schutz für die Mediationsparteien. Da nicht anwaltliche Mediatoren in § 203 StGB nicht aufgeführt sind, wäre es für diese keine Straftat, wenn sie Dritten etwas aus einer Mediation erzählen. Die Verschwiegenheitspflicht von anwaltlichen Mediatoren ist somit für die Parteien wertvoller als die Verschwiegenheitspflicht von nicht-anwaltlichen Mediatoren.

Eine Herausforderung im Zusammenhang mit Mediationen im Arbeitsumfeld kann sich auch daraus ergeben, dass der Arbeitgeber eine Mediation bezahlt. Zu den Nebenpflichten aus dem Vertrag zwischen Arbeitgeber und Mediator dürfte im Sinne von § 242 BGB auch gehören, dass der Mediator dem Auftraggeber, in dem Fall dem Arbeitgeber, Auskunft über seine Tätigkeit geben muss. Dies ist mit dem Grundgedanken einer Mediation schlichtweg nicht vereinbar. Es ist daher wichtig, dass der Mediator keine Verpflichtung gegenüber dem Arbeitgeber hat, Auskunft über Inhalt, Verlauf und/oder Ergebnis der Mediation zu geben.

18. Muss ein Anwalt bei einer Mediation dabei sein?

Kurz und schmerzlos: Nein. Es kann je nach Fragestellung aber im Einzelfall sinnvoll sein.

II. Fragen zum Mediator

Wie wird man Mediator oder wie findet man einen Mediator? Antworten dazu lesen Sie hier.

19. Wie findet man einen Mediator?

Neben einer klassischen Internetsuche eignen sich hierfür spezielle Mediationsportale, Mediatorenlisten von zB IHKs oder die Mitgliederlisten von Mediationsverbänden und Zertifizierungsstellen.

20. Woran erkennt man einen guten Mediator?

Da es keine weitergehende Regulierung, keine gesetzlich vorgesehenen Abschlussprüfungen oder eine offizielle Überprüfung des Berufszugangs gibt, ist die Marktsituation unübersichtlich.

Man sollte daher bei der Auswahl eines Mediators auf den Ausbildungsumfang und die konkrete praktische Erfahrung achten.

Praxistipp

Mediatoren müssen die Medianden gemäß § 3 Abs. 5 MediationsG über diese Details auf Nachfrage informieren. Fragen Sie daher konkret nach!

Hilfreich bei der Identifizierung von "guten" Mediatoren können folgende Lizenzierungen sein:

- Verbände, zB DGM (Deutsche Gesellschaft für Mediation e. V.), BMWA (Bundesverband Mediation in Wirtschaft und Arbeit e. V.), BAFM (Bundes-Arbeitsgemeinschaft Familien-Mediation e. V.), BM (Bundesverband Mediation e. V.)
- unabhängige Zertifizierungsstellen, zB QVM (Qualitätsverbund Mediation gGmbH),
- Institutionen (zB IHKs)

Vorteilhaft kann es auch sein, wenn der Mediator aus einem artverwandten Berufsfeld kommt, zB Rechtsanwalt oder Psychologe ist. Zwingend ist dies aber nicht.

Schließlich kann auch eine gewisse Lebenserfahrung förderlich sein.

21. Muss ein Mediator Jurist sein?

Nein, es gibt keine gesetzlichen Vorgaben zu der Ursprungsprofession eines Mediators. Strenggenommen kann jeder Mediator werden. Man braucht dafür nicht einmal einen Schulabschluss, geschweige denn irgendeine bestimmte berufliche Vorprägung.

22. Wie wird ein Mediator ausgebildet?

Die Ausbildungslandschaft in der Mediationswelt ist für Außenstehende unübersichtlich.

Das Mediationsgesetz kennt zwei Arten von Mediatoren, den „einfachen“ Mediator in § 5 Abs. 1 MediationsG und den zertifizierten Mediator in § 5 Abs. 2 MediationsG. Für zertifizierte Mediatoren gibt es zudem eine vom Bundesjustizministerium erlassene Ausbildungsverordnung.

Nach der Ausbildungsverordnung muss ein Mediator einen Lehrgang im Umfang von 130 Zeitstunden absolvieren und während oder nach dem Abschluss des Lehrgangs innerhalb von drei Jahren an fünf Supervisionen zu selbst durchgeführten Mediationen teilnehmen.

Für den „einfachen“ Mediator gibt es derart konkrete Vorgaben nicht; insbesondere gibt es keine Mindestanzahl an Ausbildungsstunden und keine Art von staatlicher Kontrolle.

Die Mediationsverbände haben zudem eigene Ausbildungskriterien, die in der Regel einen Lehrgang über rund 200 Zeitstunden und ebenfalls den Nachweis praktisch durchgeführter Mediationen verlangen.

Schließlich gibt es mittlerweile auch einzelne universitäre Zertifikatsausbildungen im Umfang von bis zu 400 Stunden und sogar Masterstudiengänge.

23. Was sind die Aufgaben eines Mediators?

Die Aufgaben eines Mediators sind vielfältig. Wichtigste Aufgabe ist die Strukturierung des Mediationsgesprächs, damit die Konfliktbeteiligten schlussendlich selbst eine Lösung verhandeln können.

Der Mediator hat dabei darauf zu achten, dass die Parteien in angemessener und fairer Weise in die Mediation eingebunden werden (§ 2 Abs. 3 MediationsG) und muss im Falle einer Einigung auch darauf hinwirken, dass die Beteiligten die finale Entscheidung verstehen (§ 2 Abs. 2 MediationsG, wobei hierin keine eigenen Beratungs- und Aufklärungspflichten des Mediators zu sehen sind).

Das Mediationsgesetz enthält zudem diverse Hinweis- und Aufklärungspflichten des Mediators über den Verlauf und die Grundsätze eines Mediationsverfahren (§ 2 Abs. 2 MediationsG) in Bezug auf seine eigene Unabhängigkeit und Neutralität (§ 3 Abs. 1 MediationsG) oder auch seine Ausbildung (§ 3 Abs. 5 MediationsG). Schließlich muss ein Mediator gemäß § 4 S. 4 MediationsG auch über den Umfang seiner Verschwiegenheitspflicht informieren, der je nach Ursprungsberuf unterschiedlich sein kann. Ein Zeugnisverweigerungsrecht in einem Strafverfahren haben zB nur Mediatoren, die gleichzeitig auch Rechtsanwalt sind (→ *Frage 17: Ist eine Mediation vertraulich, dh sind die Beteiligten zur Verschwiegenheit verpflichtet?*).

24. Macht ein Mediator Lösungsvorschläge?

Nein, dies ist gerade nicht die Aufgabe eines Mediators. Die alleinige Aufgabe des Mediators ist es vielmehr, die Konfliktparteien durch die Mediation zu führen, so sieht es § 1 Abs. 2 MediationsG ausdrücklich vor. Der Mediator ist zuständig für den Prozess der Mediation und ist Verfahrensleiter. In die Inhalte des Konflikts ist der Mediator nicht eingebunden.

Vorschläge des Mediators würden der Eigenverantwortlichkeit der Beteiligten zuwiderlaufen und auch gegen das Prinzip der Neutralität bzw. Allparteilichkeit des Mediators verstoßen.

Ist der Mediator Rechtsanwalt oder Notar, darf er im Sinne von § 2 Abs. 3 Nr. 2 RDG (Rechtsdienstleistungsgesetz) Gestaltungsvorschläge im Sinne von Formulierungsvorschlägen unterbreiten. Dies dürfen andere Mediatoren nicht. Diese Formulierungsvorschläge sollen aber nur dazu dienen, die Lösung, die die Parteien ohnehin schon vereinbart haben, sauber auszuformulieren.

25. Wer wählt den Mediator aus?

§ 2 Abs. 1 MediationsG legt eindeutig fest, dass „die Parteien" den Mediator auswählen. Alle Konfliktparteien haben also ein Mitspracherecht bei der Auswahl des Mediators.

Dies ist besonders wichtig und zu beachten, wenn es um eine Mediation im betrieblichen Umfeld geht. Der Arbeitgeber kann sich nicht alleine auf die Suche nach einem Mediator begeben und diesen dann beauftragen und somit Arbeitnehmer oder Betriebsrat vor vollendete Tatsachen stellen. Ein solches alleiniges Auswahlrecht des Arbeitgebers gibt es nicht.

III. Die Rolle des Betriebsrats im Kontext von Mediation

Der Betriebsrat kann eine wichtige Rolle bei betrieblichen Konflikten übernehmen, kann aber auch selbst Teil eines Konflikts sein. Dieses Kapitel zeigt auf, welche verschiedenen Rollen und Aufgaben ein Betriebsrat in Konfliktsituationen haben kann.

26. Hat der Betriebsrat Mitbestimmungsrechte, wenn Mediationen durchgeführt werden?

Das Bundesarbeitsgericht hat dies bejaht, wenn es sich um einen sog. Kollektivtatbestand handelt und die Mediation außerhalb der üblichen Arbeitszeit stattfindet (BAG 30.6.2015 – 1 ABR 71/13). Da bei einer arbeitsplatzbezogenen Mediation im betrieblichen Kontext regelmäßig mehr als eine Person des Betriebs teilnimmt, liegt bei einer versuchten Anordnung einer Mediation stets ein mitbestimmungspflichtiger Kollektivtatbestand vor.

Dass ein Arbeitgeber im Rahmen seines Weisungsrechts eine Mediation nicht anordnen kann (→ *Frage 29: Wie kann sich ein Betriebsrat effektiv in eine Mediation einbringen?*), widerspricht dieser Auffassung nicht. Die Unwirksamkeit einer Weisung schließt nicht zwingend das damit sonst verbundene Mitbestimmungsrecht aus.

Da es sich bei der Anordnung einer Mediation um eine Arbeitszeitregelung handeln kann, kann somit ein Mitbestimmungsrecht des Betriebsrats aus § 87 Abs. 1 Nr. 2 BetrVG und/oder § 87 Abs. 1 Nr. 3 BetrVG gegeben sein.

Ansonsten kann über die Durchführung von innerbetrieblichen Mediationen (= "Ob") eine freiwillige Betriebsvereinbarung geschlossen werden. Die Detailfragen (= „Wie") können zB als Fragen der Ordnung des Betriebs und des Verhaltens der Arbeitnehmer im Betrieb auch mitbestimmungspflichtig im Sinne von § 87 Abs. 1 Nr. 1 BetrVG sein.

27. Wann hat der Betriebsrat ein Teilnahmerecht an Mediationen?

Ein solches Teilnahmerecht an einer Mediation hat ein Betriebsrat allein von sich aus grundsätzlich nicht.

Das Recht eines Arbeitnehmers, ein Mitglied des Betriebsrats beizuziehen (was aber ein Recht des Arbeitnehmers ist, nicht des Betriebsrats), ergibt sich zwar aus §§ 81 Abs. 4, 82 Abs. 2, 83 Abs. 1 und 84 Abs. 1 BetrVG und darüber hinaus beim Betrieblichen Eingliederungsmanagement (BEM) auch aus § 167 Abs. 2 SGB IX. Also nur dann, wenn solche Themen Gegenstand einer Mediation sind (und dann auch nur zwischen Arbeitsgeberseite und Arbeitnehmer), wäre eine Hinzuziehung eines Mitglieds des Betriebsrats überhaupt denkbar.

Es ist dann aber immer noch § 2 Abs. 4 MediationsG zu beachten. Danach können andere Personen als die Konfliktparteien nur dann an der Mediation teilnehmen, wenn alle (!) Beteiligten damit einverstanden sind. Da das Mediationsgesetz für Mediationen im Sinne der Normenpyramide das speziellere Gesetz ist (= **Spezialitätsprinzip**), kann ein Mitglied des Betriebsrats also nur dann an einer Mediation teilnehmen, wenn darüber ein allseitiges Einverständnis erzielt wird. Eine Pflicht des Arbeitsgebers oder eines anderen Arbeitsnehmers, im Rahmen einer Mediation die Teilnahme eines Mitglieds des Betriebsrats zu erdulden, gibt es nicht.

28. Was ist der Mehrwert von Mediation für Betriebsräte?

Hierbei sind die verschiedenen Situationen, in denen Mediation im betrieblichen Kontext angeboten und durchgeführt werden kann, zu unterscheiden:

- Bei **Konflikten zwischen Arbeitgeber und Betriebsrat** kann die Mediation ein Konfliktmanagementtool darstellen, welches weniger formell und oft auch günstiger ist als eine Einigungsstelle. Zudem ist die Einigungsstelle auch nur in bestimmten Fällen zwingend zuständig (in Fällen der sog. „erzwingbaren Mitbestimmung, unter anderem im Rahmen von § 87 BetrVG), so dass andere Konfliktsituationen auch gut im Rahmen einer Mediation bearbeitet werden können. Dies gilt insbesondere, wenn es zu persönlichen Konfliktsituationen zwischen einzelnen Personen gekommen ist, da die Mediation gerade dann ein hocheffektives Konfliktmanagementtool sein kann.

- Auch bei **Konflikten innerhalb eines Betriebsrats** kann eine Mediation sehr geeignet sein, vor allem da das Verfahren sehr informell ist (es müssen zuvor zB keine Schriftsätze wie in einem Gerichtsverfahren erstellt werden) und zudem die Mediationstermine nicht öffentlich sind. Außer den konkreten Konfliktparteien und dem Mediator nimmt also niemand an der Mediation teil. Aufgrund der Vertraulichkeit einer Mediation erfährt schließlich auch niemand vom Inhalt, Verlauf und Ergebnis der Mediation, es sei denn, die Beteiligten vereinbaren etwas dazu.
- Bei **Konflikten zwischen Arbeitgeber und Arbeitnehmer** sowie **zwischen Arbeitnehmern untereinander** gilt Gleiches. Hier kann sich ein Mitglied des Betriebsrats sogar als Mediator anbieten. Verfügt das Betriebsratsmitglied über eine Mediationsausbildung, entstehen über die übliche Gehaltszahlung hinaus nicht einmal Mehrkosten.

29. Wie kann sich ein Betriebsrat effektiv in eine Mediation einbringen?

Mitglieder des Betriebsrats können sich insbesondere bei Mediationen zwischen einzelnen Arbeitnehmern oder innerhalb von Teams bzw. Abteilungen in der Funktion als Mediator gut einbringen.

Aufgabe des Betriebsrats ist es in der Regel gerade nicht, für einzelne Arbeitnehmer aktiv zu sein (Ausnahmen natürlich beim Beschwerderecht aus § 85 BetrVG oder bei Verstößen des Arbeitgebers gegen Betriebsvereinbarungen), sondern sich für die die Belegschaft als Gesamtheit einzusetzen. Dies kann gerade in einer Mediation durch die neutrale Haltung einzelnen Belegschafts- und Betriebsmitgliedern gegenüber gut zum Ausdruck gebracht werden. Auch die Wahrung des Betriebsfriedens ist dem Gesetzgeber ein wichtiges Anliegen, wobei sich auch der Betriebsrat einzubringen hat; dies sieht man zB an § 99 Abs. 2 Nr. 6 BetrVG oder auch § 104 BetrVG. In der neutralen Rolle des Mediators kann ein Betriebsratsmitglied dieser Aufgabe besonders gut gerecht werden.

30. Wann kann ein Betriebsrat von sich aus einen Mediator hinzuziehen?

Im Rahmen von § 80 Abs. 3 BetrVG und § 111 S. 2 BetrVG kann ein Betriebsrat ggf. auch einen Mediator als Sachverständigen hinzuziehen, soweit dies zur Erfüllung seiner Aufgaben erforderlich ist.

31. In welchen Situationen kann die Mediationskompetenz sinnvoll für Mitglieder des Betriebsrats sein?

Auch unabhängig von der Mediation als Konfliktmanagementtool und als Verfahren zur Konfliktbeilegung kann es für Mitglieder des Betriebsrats sinnvoll sein, sich mit dem Thema Mediation zu befassen.

Eine Ausbildung zum Mediator bietet für Betriebsratsmitglieder zahlreiche Einsatzmöglichkeiten im Betrieb. Mediatoren sind darin ausgebildet, komplexe Verhandlungssituationen zu moderieren. Eines der Kernelemente einer Mediationsausbildung sind also Kompetenzen im Bereich des Verhandlungsmanagements. Wer Verhandlungen leiten und moderieren soll, muss auch ein gutes Verständnis von Verhandlungsprozessen haben, denn genau dazu soll ein Mediator die Konfliktparteien schlussendlich bringen: zum Verhandeln.

Verhandlungskompetenzen und auch insgesamt Konfliktmanagementkompetenzen sind für Mitglieder eines Betriebsrats an vielen Stellen unerlässlich. Diese Kompetenzen können für den Betriebsratsvorsitzenden und dessen Stellvertreter bei der Leitung von Betriebsratssitzungen, Ausschusssitzungen oder Betriebsversammlungen sinnvoll sein, aber auch im Rahmen aller Gespräche mit dem Arbeitgeber, wie zB im Monatsgespräch oder in

Verhandlungsrunden mit dem Arbeitgeber oder auch in einer Einigungsstelle. Dort sind diese Kompetenzen auch für normale Mitglieder des Betriebsrats hilfreich und sinnvoll. Gleiches gilt für alle Gespräche, bei dem ein Arbeitnehmer ein Betriebsratsmitglied hinzuziehen darf und in denen ein Betriebsratsmitglied dann tatsächlich einen Arbeitnehmer begleitet, zB bei einem BEM-Gespräch (§ 167 Abs. 2 SGB IX), einem Beschwerdegespräch im Sinne von § 84 Abs. 1 BetrVG oder einem speziellen Personalgespräch (§§ 81 Abs. 4, 82 Abs. 2 und 83 Abs. 1 BetrVG).

IV. Mediation zwischen Arbeitgeber und Arbeitnehmer

Aufgrund des hierarchischen Verhältnisses sind Konflikte zwischen den Arbeitsvertragsparteien immer herausfordernd. Auf welche Arten kann Mediation hier hilfreich sein?

32. Wann muss ein Arbeitgeber eine Mediation anbieten?

Es ist nicht vollends juristisch geklärt, ob ein Arbeitgeber einem Arbeitnehmer eine Mediation anbieten muss. Es gilt jedoch das **Ultima-ratio-Prinzip** im Kündigungsrecht, das besagt, dass die Beendigung des Arbeitsverhältnisses immer nur das letzte Mittel sein darf, das dem Arbeitgeber unter sinnvollen Aspekten noch zur Verfügung steht, um angemessen auf eine Situation zu reagieren (BAG 30.5.1978 – 2 AZR 630/76). Im Sinne dieses Prinzips ist eine Mediation zumindest für Konfliktsituationen rund um das Arbeitsverhältnis, also zB bei Konflikten zwischen einzelnen Arbeitnehmern, in Teams, zwischen Arbeitnehmer und Vorgesetztem oder auch in Mobbingsituationen, naheliegend und dringend zu empfehlen.

Das BAG deutete etwas Ähnliches in seiner Rechtsprechung an (u. a. BAG 19.7.2016 – 2 AZR 637/15).

Beispiel

Verweigertes BEM

Ein Arbeitgeber hat ein recht gut funktionierendes BEM-System (BEM = betriebliches Eingliederungsmanagement, § 167 Abs. 2 SGB IX) gemeinsam mit dem Betriebsrat eingeführt (§ 87 Abs. 1 Nr. 7 BetrVG). Einer Arbeitnehmerin wird vorschriftsmäßig das BEM angeboten, diese reagiert aber nicht. Der Arbeitgeber fragt wiederholt nach, bis die Arbeitnehmerin ein BEM ausdrücklich ablehnt. Die krankheitsbedingten Fehlzeiten nehmen aber immer weiter zu, so dass die Teamleiterin Druck auf die Personalabteilung ausübt, hier eine personenbedingte Kündigung auszusprechen. Der Personalleiter spricht im Monatsgespräch den Betriebsratsvorsitzenden auf die Situation an, dieser bietet an, als Mediator ein Gespräch zwischen Personalleiter und Arbeitnehmerin zu begleiten. Die Arbeitnehmerin willigt ein und in dem Gespräch stellt sich ein Konfliktfall zwischen Arbeitnehmerin und Teamleitung heraus, aufgrund dessen es zu verschiedenen Belastungen, Überlastungen und schließlich auch zu mehreren längeren Krankheitsphasen gekommen ist. Man einigt sich im Rahmen der Mediation auf eine Versetzung in ein anderes Team. Die krankheitsbedingten Fehlzeiten sinken anschließend nahezu gen Null.

33. Kann ein Arbeitnehmer zu einer Mediation gezwungen werden?

Dies ist juristisch tatsächlich umstritten.

Die Freiwilligkeit kommt im Mediationsgesetz gleich an drei Stellen zum Ausdruck (§§ 1 Abs. 1, 2 Abs. 2 und 2 Abs. 5 MediationsG). Da das Mediationsgesetz das speziellere Gesetz gegenüber dem Arbeitsrecht ist (= Spezialitätsprinzip), könnte man eine Verpflichtung zur Teilnahme mit guten Argumenten ablehnen. Dies ist gerichtlich auch bestätigt worden (LAG Nürnberg 27.8.2013 – 5 TaBV 22/12).

Der Europäische Gerichtshof hat dagegen angedeutet, dass sich die Freiwilligkeit weniger auf die bloße Teilnahme, sondern mehr auf den Verlauf und das Ergebnis einer Mediation bezieht (EuGH 17.6.2017 – Rs. C. 75/16). In der juristischen Literatur sprechen sich daher zahlreiche Stimmen für eine verpflichtende Teilnahme aus, soweit die Inhalte des Konflikts bzw. des Mediationsgesprächs Themen betreffen, die dem Weisungsrecht des Arbeitgebers gem. § 106 GewO unterfallen (vgl. MHdB ArbR/Dendorfer-Dittges/Ponschab BetrVG § 82 Rn. 103). Die Freiwilligkeit bezieht sich in diesen Fällen nur (noch) auf das Ergebnis und die vorzeitige Beendigungsmöglichkeit der Mediation.

Eine generelle Teilnahmepflicht kann normalerweise nicht durch eine Mediationsklausel im Arbeitsvertrag herbeigeführt werden. Mediationsklauseln sind Vereinbarungen, die vorsehen, dass bei Streitigkeiten zwischen Arbeitgeber und Arbeitnehmer zunächst ein Mediationsverfahren durchgeführt wird, bevor rechtliche Schritte eingeleitet werden. (Formular-) Arbeitsverträge stellen regelmäßig sog. Allgemeine Geschäftsbedingungen im Sinne von § 305 Abs. 1 BGB dar und § 309 Nr. 14 BGB erklärt AGB-Klauseln mit einem solchen Inhalt für unwirksam.

V. Mediation zwischen einzelnen Arbeitnehmern

Die wohl häufigste Einsatzsituation für Mediation in Betrieben sind Konflikte zwischen einzelnen Arbeitnehmern oder auch Konflikte innerhalb von Teams und Abteilungen. Auch hier kann Mediation zur Konfliktlösung eingesetzt werden.

34. In welchen Fällen bietet sich eine Mediation zwischen Arbeitnehmern an?

Die Einsatzmöglichkeiten sind vielfältig. Der Grundgedanke ist, dass eine Mediation immer dann Sinn macht, wenn es darum geht, eine Beziehung für die Zukunft zu gestalten. Dies gilt selbstverständlich auch für Arbeitsbeziehungen.

Zwischen mehr oder weniger gleichrangigen Arbeitnehmern bietet sich eine Mediation in allen Konfliktsituationen an, in denen die Ursache von den Beteiligten ausgeht. Dies kann besonders in Mobbingsituationen der Fall sein, aber auch in Konfliktsituationen in einem gemeinsamen Büro oder innerhalb von gemeinsamen Arbeitsprozessen. Zwischen Arbeitnehmern auf unterschiedlichen Hierarchieebenen gilt grundsätzlich Gleiches, wobei sich hier aus den Weisungskompetenzen der Führungskraft Besonderheiten ergeben können. Stets geht es darum, zwischen den Konfliktparteien eine bessere Kommunikation zu etablieren, um zukünftige Konfliktsituationen abzuschwächen oder idealerweise sogar ganz zu vermeiden.

In Abteilungen oder Teams ist Mediation ebenfalls gut denkbar, vor allem, um Gruppendynamisierungsprozesse gar nicht erst entstehen oder zumindest nicht weiter eskalieren zu lassen und effizientere und effektivere Arbeitsprozesse (wieder) in Gang zu bringen.

Beispiel

Mediation Urlaubsgewährung

Eine Arbeitnehmerin und ein Arbeitnehmer beantragen zeitgleich einen 3-wöchtigen Urlaub bei ihrem Vorgesetzten für denselben Zeitraum im Sommer. Beide sind unter sozialen Aspekten (im Sinne von § 7 Abs. 1 BurlG) vergleichbar, so dass der Vorgesetze trotz eines Gesprächsversuchs mit beiden zu keinem Ergebnis kommt und daher verkündet, die beiden sollten dies unter sich regeln. Solange keine Einigung zustande gekommen sei, würde er keinem der beiden Urlaub gewähren.

Die Arbeitnehmerin wendet sich an den Betriebsrat. Von dort aus erfolgt das Angebot, dass die stellvertretende Betriebsratsvorsitzende, die als Mediatorin ausgebildet sei, hier als Vermittlerin in einem Mediationsgespräch auftreten könne. Beide Seiten stimmen dem zu und können in der Mediation darlegen, was ihre Motive für den Urlaub in diesem Zeitraum ist. Man kommt zu dem Ergebnis, dass beide ihren jeweiligen Urlaub um jeweils eine Woche nach „vorne" bzw. „hinten" verschieben, so dass nur eine Überschneidung von einer Woche eintreten würde. Der im weiteren Verlauf der Mediation ebenfalls eingebundene Vorgesetzte stimmt dieser Lösung schlussendlich zu und genehmigt sodann die Urlaube.

35. Kann ein Betriebsrat über seine Mitglieder Mediationen für Konflikte zwischen Mitarbeitenden anbieten?

Ja, dies ist grundsätzlich möglich. Denkbar ist dies insbesondere im Kontext des Beschwerderechts aus § 84 Abs. 1 BetrVG, wo auch ausdrücklich geregelt ist, dass betroffene Arbeitnehmer ein Mitglied des Betriebsrats zur Vermittlung hinzuziehen können.

Da der Betriebsrat und dessen Mitglieder in ihrem Amt gegenüber einzelnen Arbeitnehmern ohnehin eine gewisse Neutralität an den Tag legen müssen, bietet es sich sogar an, Mitglieder des Betriebsrats als Mediatoren in Betracht zu ziehen. Hierbei ist aber stets das konkrete persönliche Verhältnis des jeweiligen Betriebsratsmitglieds zu den beteiligten Arbeitnehmern zu berücksichtigen. Wenn zB das Mitglied des Betriebsrats in einer hierarchischen Kette zu einer der Konfliktparteien steht oder mit einer der Konfliktparteien sehr viel enger zusammenarbeitet als mit den anderen oder zu einer Konfliktpartei auch privat Kontakt hat, wäre die Wahl eines anderen Mitglieds des Betriebsrats oder auch eines externen Mediators geboten.

36. Wann empfiehlt sich die Beauftragung eines externen Mediators?

Die Beauftragung eines externen Mediators empfiehlt sich, wenn innerbetrieblich keine entsprechenden Kompetenzen vorhanden sind, oder wenn die im Betrieb vorhandenen (und geeigneten) Personen nicht die nötige Distanz und Neutralität zum Konfliktgeschehen oder den beteiligten Personen haben.

Hierbei gilt: Je stärker der Konflikt eskaliert ist und/oder je emotionaler sich die Konfliktparteien bei der Konfliktaustragung verhalten, desto eher empfiehlt sich die Hinzuziehung eines externen Mediators.

37. Erfährt der Arbeitgeber vom Inhalt und Ergebnis einer Mediation?

Es sollte unbedingt darauf geachtet werden, dass ein Mediationsvertrag geschlossen wird, und zwar nicht nur, wenn ein externer Mediator beauftragt wird, sondern auch, wenn ein interner Mediator tätig wird, zB ein Mitglied des Betriebsrats.

In diesem Mediationsvertrag sollte dann ausdrücklich vereinbart werden, dass weder der Mediator noch die teilnehmenden Arbeitnehmer zu irgendwelchen Aussagen oder Auskünften über Inhalt, Verlauf und/oder Ergebnis der Mediation verpflichtet sind und sich gegenseitig Vertraulichkeit zusichern.

Solche Aspekte können auch in einer Betriebsvereinbarung geregelt werden. Wie bei → *Frage 26: Hat der Betriebsrat Mitbestimmungsrechte, wenn Mediationen durchgeführt werden?* schon dargestellt, können bei innerbetrieblichen Mediationen Mitbestimmungsrechte entstehen.

VI. Mediation zwischen Arbeitgeber und Betriebsrat

Eine hochkomplexe und konfliktreiche Situation stellt das Miteinander zwischen Arbeitgeber und Betriebsrat dar. Mediation hilft dabei, genau das zu erreichen, was der Gesetzgeber mit dem Grundsatz der vertrauensvollen Zusammenarbeit in Sinn hatte.

38. In welchen Konstellationen macht eine Mediation zwischen Arbeitgeber und Betriebsrat Sinn?

Im Rahmen des Grundsatzes der vertrauensvollen Zusammenarbeit sollen Arbeitgeber und Betriebsrat streitige Fragen mit dem ersten Willen, zu einer Einigung zu gelangen, verhandeln. Dies sieht § 74 Abs. 1 BetrVG ausdrücklich vor. Wenn die Betriebsparteien in ihren Verhandlungen nicht vorankommen, kann eine Mediation zur besseren Strukturierung und Moderation der Verhandlungen ein sehr sinnvolles Mittel sein. Dies gilt grundsätzlich für alle Konfliktsituationen zwischen Arbeitgeber und Betriebsrat, und zwar sowohl in Bezug auf Konflikte des Arbeitgebers mit dem gesamten Gremium als auch in Bezug auf Konflikte lediglich mit einzelnen Betriebsratsmitgliedern.

Beispiel

Mediation zwischen Vorgesetztem und Betriebsratsmitglied wg. Rollenkonflikten

Ein Abteilungsleiter (zugleich Prokurist) fremdelt mit der Rolle seines Mitarbeiters als neugewähltes Betriebsratsmitglied. Insgesamt gibt es erstmalig einen Betriebsrat im Unternehmen. Wichtige Aufgaben würden nicht erledigt, es wird Druck auf den Arbeitnehmer ausgeübt, sich nicht immer mit dieser „überflüssigen" Betriebsratsarbeit abzulenken, sondern fokussiert das zu machen, „wofür man ihn ja schließlich auch bezahlen würde". Der Arbeitnehmer traut sich tatsächlich kaum noch, Zeit in die Betriebsratsarbeit zu investieren und kommt zB unabgemeldet nicht zu Betriebsratssitzungen, so dass kein Ersatzmitglied geladen werden kann und es in zwei Sitzungen kurz nacheinander sogar dazu kommt, dass keine Beschlussfähigkeit gegeben ist. Die Betriebsratsvorsitzende wendet sich daher an die Personalabteilung, eine Besserung tritt trotz entsprechender Weisungen an den Abteilungsleiter aber nicht ein, so dass der Rechtsanwalt des Betriebsrats eine Mediation anregt. Diese verläuft erfolgreich, da auch die Personalabteilung im weiteren Verlauf Budget für eine zusätzliche halbe Stelle gewährt, so dass einer Teilzeitbeschäftigten in der Abteilung deren Wunsch nach einer Aufstockung ihrer Wochenstunden ermöglicht werden kann.

39. Kann der Betriebsrat eine Mediation mit der Arbeitgeberseite erzwingen?

Nein, es sei denn, es gibt eine Regelung in einer Betriebsvereinbarung dazu.

40. Kann eine Mediation ein Einigungsstellenverfahren ersetzen?

Im Rahmen von freiwilligen Einigungsstellenverfahren kann eine Mediation das Einigungsstellenverfahren gut ersetzen. Im Bereich der erzwingbaren Mitbestimmung kann eine Mediation ein Einigungsstellenverfahren nur dann ersetzen, wenn sie erfolgreich verläuft, also eine Einigung zwischen den Betriebsparteien schafft. Gelingt dies nicht, wäre im Anschluss immer noch bzw. zusätzlich ein Einigungsstellenverfahren durchzuführen, allerdings können Mediationsverfahren und Einigungsstellenverfahren ggf. kombiniert werden (→ *Frage 41: Was ist der Unterschied zur Einigungsstelle?*).

VII. Abgrenzung zur Einigungsstelle

Ein Mediationsverfahren hat eine gewisse Ähnlichkeit zum Einigungsstellenverfahren des Betriebsverfassungsrechts, aber es gibt auch Unterschiede. Mehr dazu in diesem Kapitel.

41. Was ist der Unterschied zur Einigungsstelle?

Der zentrale Unterschied zwischen einer Mediation und einem Verfahren vor der Einigungsstelle ist, dass es in der Mediation am Ende keine dritte Person gibt, die eine Entscheidung trifft. Dies ist aber gerade die Aufgabe eines Einigungsstellenvorsitzes, wenn die Betriebsparteien auch nach der zweiten Verhandlungsrunde keine Einigung erzielen.

Unabhängig davon arbeiten viele Einigungsstellenvorsitzende mit mediativen Elementen in ihrer Gesprächsführung, so dass der praktische Unterschied zu einer Mediation im Laufe des Verfahrens nicht groß ist.

Und schließlich können sich die Betriebsparteien sowohl in Mediationen als auch in Einigungsstellenverfahren selbst einigen, was in der großen Mehrzahl der Verfahren auch tatsächlich geschieht.

42. Wäre eine Vereinbarung, die in einer Mediation getroffen wird, ähnlich verbindlich wie ein Spruch der Einigungsstelle?

Ja, eine Einigung zwischen Arbeitgeber und Betriebsrat würde rechtlich entweder eine Betriebsvereinbarung oder eine Regelungsabrede/Betriebsabsprache darstellen. Unter Umständen kann auch an eine Gesamtzusage gedacht werden, dies ist aber im Einzelfall durch Auslegung zu ermitteln.

Der Spruch der Einigungsstelle ersetzt bekanntlich die Einigung zwischen Arbeitgeber und Betriebsrat und hat von daher die gleiche rechtliche Wirkung wie eine Betriebsvereinbarung. Somit hat ein Mediationsverfahren, das mit einer Einigung endet, dieselbe rechtliche Wirkung wie der Spruch der Einigungsstelle. Schließlich ist ein Mediationsverfahren lediglich eine andere Variante der Verhandlungen zwischen den Konfliktparteien.

43. Ist Mediation eine Alternative zur Einigungsstelle?

Zumindest formell ist Mediation im Bereich der erzwingbaren Mitbestimmung nicht immer eine Alternative zur Einigungsstelle.

Wenn überhaupt, ist nur die erfolgreiche Mediation in dem Sinne, dass an deren Ende eine Einigung erzielt wird, eine Alternative. Denn falls eine Einigung im Rahmen der Mediation nicht zustande kommt, dann müsste zusätzlich die Einigungsstelle angerufen werden, da der Mediator am Ende eines klassischen Mediationsverfahrens keine Entscheidung trifft.

Zu freiwilligen Einigungsstellenverfahren im Sinne von § 76 Abs. 6 BetrVG kann Mediation immer eine Alternative sein.

Der Vorteil eines Mediationsverfahrens liegt oft darin, dass gerade nicht der Druck eines Einigungsstellenspruchs im Raum steht. Die Betriebsparteien können so mit weniger Druck und mehr Kreativität ihre Verhandlungen führen.

44. Kann man Mediation und Einigungsstelle kombinieren?

Dies ist juristisch nicht endgültig geklärt. Allerdings wird eine Kombination aus Mediation und Schiedsverfahren bzw. Schiedsgerichtsverfahren (sog. **MedArb-Verfahren**) mehrheitlich für rechtlich zulässig gehalten, so dass für eine Kombination von Mediation und Einigungsstelle nichts anderes gelten kann. Auch die arbeitsrechtliche Literatur steht dem offen gegenüber (MHdB ArbR/Dendorfer-Dittges/Ponschab BetrVG § 82 Rn. 75 ff., 266 ff.).

Der Vorteil liegt dabei auf der Hand: Der Mediator kann mit dem entsprechenden Vorwissen tätig werden, so dass die Mehrkosten gegenüber einem reinen Einigungsstellenverfahren gering sein dürften. Gerade hier würde sich eine Kombination sogar ausdrücklich anbieten, zumal Vorsitzende einer Einigungsstelle regelmäßig mit mediativen Elementen arbeiten.

Wenn die Parteien zudem am Ende der Mediation (oder ggf. auch schon vorab) vereinbaren, dass die (dann gescheiterte) Mediation als erste Verhandlungsrunde im Sinne von § 76 Abs. 3 S. 3 BetrVG zu sehen ist, kann die zweite Verhandlungsrunde unmittelbar im Anschluss an die Mediation folgen, so dass auch kein Zeitverlust eintritt.

45. Kann der Mediator nach einer nicht erfolgreichen Mediation den Vorsitz einer Einigungsstelle übernehmen?

Ja, aus juristischer Sicht spricht nichts dagegen.

VIII. Mediation innerhalb des Betriebsrats

Auch innerhalb eines Gremiums kann es zu Konflikten kommen. Wie man Mediation dabei sinnvoll einsetzen kann, lesen Sie im Folgenden.

46. Wie kann das Thema Mediation zur Lösung von Konflikten innerhalb des Gremiums beitragen?

Wie bereits dargestellt, ist Mediation die Gestaltung eines Kommunikationsprozesses. Konflikte entstehen in der Regel dadurch, dass Menschen gerade dann aufhören, miteinander zu kommunizieren, wenn es besonders wichtig wäre. Im Rahmen einer Mediation haben die Betriebsratsmitglieder also die Möglichkeit, ihre schlechte bis teilweise gar nicht mehr vorhandene Kommunikation neu zu strukturieren und wieder in Gang zu bringen, um so gemeinsam konstruktive und interessenbasierte Lösungen zu finden.

47. In welchen Situationen innerhalb eines Betriebsrats kann Mediation sinnvoll sein?

Sinnvoll ist eine Mediation vor allem dann, wenn durch den jeweiligen Konflikt die Zusammenarbeit nur noch eingeschränkt oder gar nicht mehr möglich ist und wichtige gesetzliche Aufgaben des Betriebsrats dadurch nicht mehr (in vollem Umfang) wahrgenommen werden können. Dabei ist jeder Konflikt geeignet, die Arbeit im Gremium zu erschweren, da sich Konflikte auf die allgemeine Arbeit im Gremium, aber auch auf die Stimmung und Motivation der Betriebsratsmitglieder auswirken kann. Hier sind verschiedene Konstellationen denkbar:

- Sinnvoll kann eine Mediation daher bei **Konflikten zwischen einzelnen Betriebsratsmitgliedern** sein, aber auch zwischen unterschiedlichen Interessensgruppen innerhalb eines Betriebsrats, zB nach einer Listenwahl, speziell nach einer erstmaligen Listenwahl.

Beispiel
Großgruppenmediation

Ein Betriebsrat aus 21 Mitgliedern ist tief zerstritten. Der Betriebsrat besteht nach einer Listenwahl aus Mitgliedern aus fünf verschiedenen Listen, die sich bei Beschlussfassungen in unterschiedlichen Konstellationen wechselseitig blockieren und eine effektive und effiziente Betriebsratsarbeit faktisch unmöglich machen.

Der Arbeitgeber ist die Situation leid, da auch bei der Verhandlung wichtiger Betriebsvereinbarungen nur schleppend Ergebnisse zustande kommen. Aus einer „Fraktion" des Betriebsrats kommt der Vorschlag zur Mediation. Die anderen Gremiumsmitglieder willigen nach einigen Diskussionen ein und der Arbeitgeber erklärt sich bereit, die Kosten zu übernehmen.

In der Mediation mit zwei Mediatoren (zu empfehlen spätestens ab einer Gruppe von mehr als sechs Kontrahenten) im Rahmen einer zweitägigen Klausurtagung können eine gemeinsame Basis und gemeinsame Ziele zwischen allen Mitgliedern und Listen definiert werden. Anschließend wird eine gemeinsame Geschäftsordnung entwickelt und eine neue Aufstellung des Betriebsausschusses und weiterer Ausschüsse erreicht, in dem sich nun alle Listen vertreten fühlen, so dass in Zukunft eine bessere Arbeit im Gremium erfolgt.

- Denken kann man auch an eine Mediation bei **Konflikten innerhalb eines Ausschusses** und speziell des Betriebsausschusses.
- Besonders heikel ist die Situation, wenn es **Konflikte zwischen Betriebsratsvorsitz und Stellvertretung** gibt. Eine sauber strukturierte und effektive Führung des Gremiums wird dadurch regelmäßig sehr erschwert.

Beispiel
Mediation alter und neuer Betriebsratsvorsitz

In einem Unternehmen besteht seit 20 Jahren ein Betriebsrat (9er Gremium). Bei der nächsten Wahl findet zum ersten Mal eine Listenwahl statt (da in der Belegschaft mutmaßlich große Unzufriedenheit mit der Arbeit des bisherigen Betriebsrats bestand). Die „neue" Liste gewinnt fünf Sitze, die „alte" Liste nur vier. Dies hat zu Folge, dass der bisherige Betriebsratsvorsitzende, der seit 18 Jahren dieses Amt innehatte, nicht erneut zum Vorsitzenden gewählt wurde. Tief gekränkt sabotiert der „alte" Betriebsratsvorsitzende konsequent die Arbeit des „neuen" Betriebsratsvorsitzenden. Da die „neue" Liste keine Ersatzmitglieder hat, ist es sogar teilweise so, dass im Wochenrhythmus der Betriebsratsvorsitzende neu gewählt wird (da dann ein Ersatzmitglied der „alten" Liste geladen wird und diese dann kurzzeitig die Mehrheit wiedererlangt hat).

Der Personalleiter drängt auf eine Lösung, da eine effektive Arbeit mit diesem Betriebsrat so nicht möglich sei. Der Rechtsanwalt des Betriebsrats schlägt eine Mediation vor, in welcher die beiden „Streithähne" feststellen, dass sie grundsätzlich sehr ähnliche Ziele verfolgen, so dass der „alte" Vorsitzende bereit ist, seine Niederlage bei der Wahl zu akzeptieren und auch innerhalb des Gremiums eine vernünftige Zusammenarbeit anbietet.

48. Wie groß darf ein Betriebsrat maximal sein, damit eine Mediation funktionieren kann?

Es gibt keine feste Größe oder Anzahl an Personen, die an einer Mediation maximal teilnehmen können oder dürfen. Je nach Komplexität des Konflikts und Anzahl der Beteiligten wird man allerdings über eine Co-Mediation nachdenken müssen. Dies ist regelmäßig der Fall, wenn mehr als sechs Personen an der Mediation beteiligt sein sollen.

49. Muss der Arbeitgeber oder die Belegschaft über eine solche Mediation innerhalb des Betriebsrats informiert werden?

Wenn der Arbeitgeber die Kosten der Mediation tragen soll, muss die Mediation ausdrücklich mit dem Arbeitgeber vor deren Durchführung abgestimmt werden. In Bezug auf den Arbeitgeber lautet die Antwort daher eindeutig „Ja". Wenn die Betriebsratsmitglieder die Mediation selbst bezahlen wollen, wäre dies selbstverständlich anders zu bewerten, wobei sich dann dennoch die Frage der Freistellung und deren Erforderlichkeit im Rahmen von § 37 Abs. 2 BetrVG (oder ggf. auch § 37 Abs. 3 BetrVG) ergeben dürfte.

Die Belegschaft muss nicht über eine Mediation informiert werden, auch nicht im Rahmen des Tätigkeitsberichts auf einer Betriebsversammlung gemäß § 43 Abs. 1 S. 1 BetrVG.

IX. Kosten der Mediation

Mediation durch externe Mediatoren ist eine Dienstleistung, die natürlich etwas kostet. Gleiches gilt für die Aus- und Fortbildung des Betriebsrats in diesem Bereich. Einzelheiten erfahren Sie in diesem Kapitel.

50. Kann die Beauftragung eines externen Mediators erforderlich im Sinne des § 40 BetrVG sein?

Ja, die Beauftragung eines Mediators kann in der Tat im Einzelfall erforderlich sein, wenn der Betriebsrat im Rahmen von § 80 Abs. 3 BetrVG oder § 111 S. 2 BetrVG einen externen Mediator als Sachverständigen benötigt. Hier muss allerdings im konkreten Kontext geprüft und entschieden werden, ob die Beauftragung eines externen Mediators im Sinne von § 40 Abs. 1 BetrVG erforderlich ist, eine pauschale Antwort dazu ist nicht möglich.

Darüber hinaus wird die Beauftragung eines externen Mediators mit der Folge, dass der Arbeitgeber die anfallenden Kosten trägt, allerdings nur mit Zustimmung des Arbeitgebers möglich sein (MHdB ArbR/Dendorfer-Dittges/Ponschab BetrVG § 82 Rn. 277).

Nach dem Grundsatz der vertrauensvollen Zusammenarbeit (§ 2 Abs. 1 BetrVG in Verbindung mit § 74 Abs. 1 BetrVG), wonach Arbeitgeber und Betriebsrat mit dem ernsten Willen, zu einer Einigung zu gelangen, miteinander verhandeln sollen, kann die Hinzuziehung eines Mediators zumindest geboten sein. Dies ist rechtlich allerdings nicht gleichzusetzen mit der Erforderlichkeit im Sinne von § 40 Abs. 1 BetrVG.

51. Ist ein Mediationskurs ein erforderliches bzw. geeignetes Seminar im Sinne von § 37 Abs. 6, 7 BetrVG?

Das kommt drauf an: Mediationskurse dürften grundsätzlich immer geeignete Seminare im Sinne von § 37 Abs. 7 BetrVG sein. Hierzu muss der Anbieter entsprechend anerkannt bzw. zertifiziert sein. Der Arbeitgeber muss das jeweilige Betriebsratsmitglied, das einen Mediationskurs absolvieren soll, dann freistellen und für die Dauer des Lehrgangs auch das vereinbarte Arbeitsentgelt fortzahlen. Die Kursgebühren und die Reisekosten wären dabei vom jeweiligen Betriebsratsmitglied selbst zu tragen.

Unter Umständen kann ein Mediationskurs allerdings auch ein erforderliches Seminar im Sinne von § 37 Abs. 6 BetrVG darstellen, mit der Folge, dass der Arbeitgeber neben der Freistellung und der Entgeltfortzahlung auch die Kursgebühr und die Reisekosten tragen muss.

Dies kann zB der Fall sein, wenn ein Konfliktmanagementsystem eingeführt wird oder der Betriebsrat in Abstimmung mit dem Arbeitgeber sonstige Konfliktmanagementaufgaben innerhalb des Betriebs übernimmt, zB im Rahmen des Beschwerderechts gemäß § 85 BetrVG, oder wenn es betriebsinterne, tariflich geregelte Schlichtungsstellen gibt.

Aber auch, wenn es häufig Konfliktsituationen innerhalb der Belegschaft eines Betriebs gibt, kann ein Mediationskurs ein erforderliches Seminar sein. Mediation ist ein probates Mittel zur Konfliktlösung und betroffene Arbeitnehmer dürfen ein Mitglied des Betriebsrats zur Vermittlung hinzuziehen. Mediation ist eine Form der Vermittlung, so dass es sinnvoll ist, wenn Betriebsratsmitglieder über entsprechende mediative Kompetenzen verfügen.

52. Welche Kosten verursacht eine Mediation und wer muss diese Kosten tragen?

Diese Frage kann seriöserweise nicht konkret oder pauschal beantworten werden. Die Tätigkeit eines Mediators wird in der Regel auf der Basis von Stundensätzen abgerechnet. Deren Höhe ist abhängig vom Thema (Wirtschaftsmediation ist in der Regel hochpreisiger als zB Familienmediation), von der Qualifikation des Mediators bzw. der Mediatorin und der Region (in großen Städten sind die Stundensätze regelmäßig höher als in ländlichen Regionen). Auch die Anzahl der teilnehmenden Mediandene kann sich auf den Stundensatz auswirken (eine Mediation mit zwei Medianden ist in der Regel weniger komplex und weniger anstrengend als eine Mediation mit zB fünf Medianden). Unter Berücksichtigung dieser Aspekte bewegen sich die Stundensätze von Mediatoren zwischen einem mittleren zweistelligen und einem mittleren dreistelligen Stundensatz und sind bei professionellen Mediatoren somit in der Regel vergleichbar mit anwaltlichen Stundensätzen.

Bei einer größeren Anzahl an Beteiligten ist regelmäßig auch über die Hinzuziehung eines Co-Mediators nachzudenken, so dass dann Kosten für zwei Mediatoren entstehen.

Zudem spielt auch die Länge der Mediation eine entscheidende Rolle. Wie lange eine Mediation dauert (und somit wie viele Stunden abzurechnen sind), lässt sich im Vorfeld kaum seriös vorhersagen. Logischerweise sind länger dauernde Mediationen hochpreisiger als kürzere Mediationen.

In den allermeisten Fällen sind Mediationen allerdings in der Gesamtbetrachtung günstiger als Gerichtsverfahren oder völlig ungelöste Konflikte.

X. Konfliktmanagementsysteme

Immer mehr Unternehmen richten Konfliktmanagementsysteme ein, um Konflikte früh zu erkennen und diese effizient und effektiv anzugehen. Was genau ist ein Konfliktmanagementsystem und inwieweit kann der Betriebsrat dabei eine Rolle spielen?

53. Was ist ein Konfliktmanagementsystem?

Bei einem Konfliktmanagementsystem sollen Konflikte im Betrieb systematisch erkannt und sodann bearbeitet werden. In einem solchen System

- werden innerbetriebliche Stellen definiert, an die sich Konfliktparteien in Konfliktfällen wenden können,
- es werden Kriterien entwickelt, anhand derer das jeweilige Konfliktmanagementtool ausgewählt wird (dies können neben Mediation auch andere Tools sein),
- es werden die Stellen und Personen definiert, die den Konflikt sodann bearbeiten (zB als Mediator),
- es werden Verfahrensstandards entwickelt,
- es werden Dokumentations- und Qualitätssicherungsmaßnahmen festgelegt und
- es wird festgelegt, wie das System und dessen Möglichkeiten im Betrieb dargestellt werden sollen (MHdB ArbR/Dendorfer-Dittges/Ponschab BetrVG § 82 Rn. 325 ff.)

Die erfolgreiche Einführung eines Konfliktmanagementsystems ist dabei von verschiedenen Faktoren wie der Unternehmensstruktur, den damit verbundenen Unternehmenszielen und der bestehenden Konfliktkultur abhängig (MHdB ArbR/Dendorfer-Dittges/Ponschab BetrVG § 82 Rn. 324 ff.).

54. Hat der Betriebsrat bei einem Konfliktmanagementsystem Mitbestimmungsrechte?

Ja, und das ist gleich unter mehreren Gesichtspunkten denkbar:

- Zunächst dürfte ein Konfliktmanagementsystem regelmäßig Fragen der betrieblichen Ordnung und des Verhaltens der Arbeitnehmer betreffen, so dass ein Mitbestimmungsrecht schon aus § 87 Abs. 1 Nr. 1 BetrVG entsteht.
- Soll das System dabei auch als Beschwerdestelle im Sinne der §§ 84, 85 BetrVG gelten, wäre zudem nach § 86 BetrVG eine Betriebsvereinbarung zu schließen.
- Sollen im Rahmen eines solchen Konfliktmanagementsystems auch Mobbingfälle bearbeitet werden, wäre an ein Mitbestimmungsrecht aus § 87 Abs. 1 Nr. 7 BetrVG zu denken.
- Je nachdem wie das Konfliktmanagementsystem ausgestaltet ist, ist bei elektronischen Komponenten schließlich ein Mitbestimmungsrecht aus § 87 Abs. 1 Nr. 6 BetrVG gegeben, da insoweit eine Überwachung der Arbeitnehmer theoretisch möglich wäre (MHdB ArbR/Dendorfer-Dittges/Ponschab BetrVG § 82 Rn. 347 ff.).

Muster

Muster 1: Freiwillige Betriebsvereinbarung zur betriebsinternen Mediation

Betriebsvereinbarung
zwischen

der ...... [Name, Adresse],

vertreten durch ...... [Name]

- nachfolgend: Arbeitgeberin -

und

dem Betriebsrat der ...... [Name, Adresse],

vertreten durch den/die Betriebsratsvorsitzende(n) ...... [Name]

- nachfolgend: Betriebsrat -

Präambel

Die Betriebsparteien haben gemeinsam festgestellt, dass die Zusammenarbeit im Betrieb gut funktioniert. Um das Miteinander im Betrieb noch weiter zu stärken und auch, um das Beschwerdeverfahren nach § 84 BetrVG zu professionalisieren und in neutrale Hände zu legen, soll eine betriebsinterne Mediationsstelle eingerichtet werden.

Hierzu schließen die Betriebsparteien die nachfolgende freiwillige Betriebsvereinbarung im Sinne von §§ 88, 76 BetrVG. Das Beschwerdeverfahren nach § 85 BetrVG bleibt hiervon unberührt.

§ 1 Geltungsbereich

(1) Diese Betriebsvereinbarung gilt örtlich für den Betrieb in ....

(2) Sie gilt persönlich für alle Arbeitnehmerinnen und Arbeitnehmer des Betriebs, einschließlich der Auszubildenden, Leiharbeitnehmerinnen und Leiharbeitnehmer. Leitende Angestellte im Sinne von § 5 Abs. 3 BetrVG sowie Mitglieder der Geschäftsführung können ebenfalls an Mediationen vor der innerbetrieblichen Mediationsstelle teilnehmen, sofern sie als Partei betroffen sind.

§ 2 Grundsätze des betrieblichen Miteinanders

Alle Arbeitnehmerinnen und Arbeitnehmer, der Betriebsrat und der Arbeitgeber verpflichten sich, die Grundsätze von Recht, Fairness, Respekt und gegenseitiger Wertschätzung im Umgang miteinander zu beachten. Insbesondere werden sie jede Benachteiligung aus Gründen der Rasse oder ethnischen Herkunft, des Geschlechts, der Religion oder Weltanschauung, einer Behinderung, des Alters oder der sexuellen Identität unterlassen, verhindern oder beseitigen.

§ 3 Mediationsstelle

(1) Im Betrieb wird eine Mediationsstelle für die Bearbeitung von Beschwerden im Sinne von § 84 BetrVG und sonstigen Konflikten im Betrieb eingerichtet.

(2) Die Mediationsstelle wird organisatorisch vom Betriebsrat betreut. Die Betriebsparteien sind sich darüber einig, dass es sich für die insoweit eingebundenen Betriebsratsmitglieder um eine erforderliche Betriebsratstätigkeit im Sinne von § 37 Abs. 2 BetrVG handelt.

(3) Die Mediationsstelle kann jederzeit von jeder Arbeitsnehmerin, jedem Arbeitsnehmer, dem Betriebsrat und auch dem Arbeitgeber angerufen werden, wenn sie oder er dies in einem Konfliktfall für sinnvoll erachtet, insbesondere in den Fällen des § 84 Abs. 1 BetrVG. Die Teilnehmenden an einer innerbetrieblichen Mediation verpflichten sich gleichwohl, ernsthaft zum Gelingen der Mediation beizutragen.

(4) Soweit durch die Tätigkeit der Mediationsstelle Kosten entstehen, trägt diese der Arbeitgeber.

§ 4 Verfahren

(1) Der Betriebsrat koordiniert die für die Mediationssitzungen erforderlichen Termine. Die Mediationssitzungen finden nach Möglichkeit im Betrieb statt. Sollte dies nicht möglich sein, werden auf Kosten des Arbeitgebers durch den Betriebsrat entsprechende Räumlichkeiten organisiert.

(3) Die Mediationssitzungen sind nicht öffentlich und auch nicht betriebsöffentlich. Andere Personen als die Konfliktbeteiligten dürfen an Mediationssitzungen nur teilnehmen, wenn hierüber allseitiges Einverständnis besteht. Arbeitnehmerinnen und Arbeitnehmer können jedoch jederzeit und auch ohne Zustimmung der anderen Beteiligten ein anderes Mitglied des Betriebsrats oder auf eigene Kosten auch eine Rechtsanwältin oder einen Rechtsanwalt nach eigener Wahl zu einer Mediationssitzung hinzuziehen.

(4) Die Mediationssitzungen finden nach Möglichkeit während der Arbeitszeit statt. Überstunden, die im Zusammenhang mit Mediationssitzungen entstehen, werden für die Konfliktparteien nicht vergütet. Für das Betriebsratsmitglied, das die Mediation leitet, gelten § 37 Abs. 2 und Abs. 3 BetrVG. Es handelt sich bei einer Teilnahme an einer Mediationssitzung nicht um Arbeitszeit im Sinne des Arbeitszeitgesetzes.

(5) Die Teilnahme an einem Mediationsverfahren ist für die Arbeitsnehmerinnen und Arbeitnehmer stets freiwillig. Weisungen, an einer Mediation teilzunehmen, sind unwirksam. Mediationen können von allen Beteiligten jederzeit beendet werden, arbeitsrechtliche Sanktion dürfen daran nicht geknüpft werden.

§ 5 Mediator/in

(1) Für Streitigkeiten zwischen Arbeitnehmerinnen und Arbeitnehmern werden drei Mitglieder des Betriebsrats zu zertifizierten Mediatorinnen und Mediatoren im Sinne von § 5 Abs. 2 MediationsG ausgebildet. Über die Personen dieser drei Mitglieder wie auch den Ausbildungsanbieter entscheidet der Betriebsrat durch Beschluss. Die drei Mitglieder dürfen nicht alle demselben Geschlecht angehören, sofern mehr als ein Geschlecht im Betriebsrat vertreten ist. Die Lehrgangskosten dürfen pro Person ...... EUR nicht übersteigen.

(2) Sollten Aspekte gegen die Wahl der nach Abs. 1 bestimmten Betriebsratsmitglieder als Mediatorin oder Mediator sprechen, kann eine externe Mediatorin oder ein externer Mediator beauftragt werden, die oder der mindestens über eine Ausbildung gemäß § 5 Abs. 2 MediationsG verfügt. Bei der Beauftragung haben sich die Betriebsparteien abzustimmen. Die Kosten für die Beauftragung einer externen Mediatorin oder eines externen Mediators trägt die Arbeitgeberin. Sollte eine Einigung in Bezug auf die Person der Mediatorin bzw. des Mediators nicht gelingen, wird die Mediatorin bzw. der Mediator von der örtlich zuständigen IHK bestimmt.

§ 6 Verschwiegenheit

(1) Die Mediatorin bzw. der Mediator und auch die beteiligten Arbeitnehmerinnen und Arbeitnehmer haben über den Inhalt, den Verlauf und/oder das Ergebnis der Mediation Stillschweigen zu wahren. Dies gilt auch über ein etwaiges Ende des Arbeitsverhältnisses hinaus. Für die beteiligten Betriebsratsmitglieder gelten im Übrigen auch die §§ 79, 80 Abs. 4 und 120 BetrVG.

(2) Der Arbeitgeber ist nicht berechtigt, von der Mediatorin bzw. dem Mediator oder den beteiligten Arbeitnehmerinnen und Arbeitnehmern irgendwelche Auskünfte und sonstige Informationen über den Inhalt, den Verlauf und/oder das Ergebnis der Mediation zu verlangen. Auskunfts- und Informationspflichten aus dem Arbeitsverhältnis zugunsten der Arbeitgeberin existieren dabei nicht.

(3) Die Konfliktparteien können gleichwohl freiwillig vereinbaren, wer im Anschluss an die Mediation welche Informationen über Inhalt, Verlauf und/oder Ergebnis der Mediation erhält.

(4) Die Verschwiegenheit gilt auch für Dritte, die eine der Konfliktparteien in einer Mediationssitzung begleiten. Die Konfliktparteien haben diese Dritten, sofern sie nicht in den Geltungsbereich dieser Betriebsvereinbarung fallen, gesondert zur Verschwiegenheit zu verpflichten.

§ 7 Stillhaltevereinbarung, gerichtliche Maßnahmen

(1) Die Betriebsparteien sind sich darüber einig, dass keine beteiligte Partei während einer noch laufenden Mediation ein gerichtliches Verfahren einleiten oder betreiben wird.

(2) Dies gilt nicht, soweit die Erhebung einer Klage oder die Einleitung anderer gerichtlicher Maßnahmen aus Rechtsgründen zwingend erforderlich ist, etwa um gesetzliche oder vertragliche Klage- und Ausschlussfristen einzuhalten.

§ 8 Inkrafttreten, Kündigung und Nachwirkung

(1) Diese Betriebsvereinbarung tritt mit ihrem Abschluss in Kraft und gilt für unbestimmte Zeit.

(2) Sie kann mit einer Frist von drei Monaten gekündigt werden, frühestens jedoch zum ...... [Datum].

(3) Diese Betriebsvereinbarung entfaltet im Falle einer Kündigung (keine) Nachwirkung.

(4) Die Betriebsparteien werden zu Beginn eines jeden Quartals im Monatsgespräch über die Entwicklung der Mediationsstelle beraten.

......, den ......

____________________ ____________________

Arbeitgeber Betriebsratsvorsitzende(r)

Muster 2: Beschluss über Hinzuziehung eines Mediators

TOP ......: Beauftragung von Frau/Herrn Mediator/in ...... aus ...... als Sachverständige(r) gemäß §§ 80 Abs. 3, 40 Abs. 1 BetrVG zur Durchführung einer Mediation innerhalb des Betriebsrats der Firma ...... im Betrieb in ....

Innerhalb des Betriebsrats der ...... kommt es aufgrund des Vorfalls ...... seit geraumer Zeit zu Konflikten, so dass eine konstruktive Betriebsratsarbeit nicht mehr möglich ist. Das Gremium möchte zur Überwindung dieser Konfliktsituation eine Mediation durchführen.

Der Betriebsrat fällt auf Antrag in seiner Sitzung vom ...... folgenden Beschluss:

Mediator/in ...... aus ...... wird als Sachverständige(r) gemäß §§ 80 Abs. 3, 40 Abs. 1 BetrVG zur Durchführung einer Mediation und insbesondere zur Strukturierung der Konfliktthemen, zur Gestaltung des Kommunikationsprozesses und zur gemeinsamen Erarbeitung von Lösungsmöglichkeiten beauftragt.

Die Hinzuziehung einer Mediatorin/eines Mediators ist erforderlich, um wieder eine sachgerechte und konstruktive Zusammenarbeit innerhalb des Gremiums herbeizuführen. Mediation ist ein auch in der Rechtsprechung anerkanntes Instrument zur Konfliktbearbeitung.

Beschlussfähigkeit:

Die Beschlussfähigkeit wurde festgestellt. Zum Zeitpunkt der Beschlussfassung waren ...... Stimmen anwesend.

Abstimmungsergebnis:

Beschluss-Nr. ......

Ja-Stimmen: ...... / Nein-Stimmen: ...... /Enthaltungen: ......

Der Antrag wurde angenommen/abgelehnt.

____

Datum und Unterschrift Betriebsratsvorsitzende(r)

TOP ......: Abschluss einer Vergütungsvereinbarung bezüglich der Sachverständigenbestellung von Mediator/in ...... aus ...... gemäß § 80 Abs. 3 iVm § 40 Abs. 1 BetrVG zur Durchführung einer Mediation

Der Betriebsrat der ...... hat festgestellt, dass er zur Klärung und Aufarbeitung einer Konfliktsituation innerhalb des Gremiums externer Unterstützung bedarf.

Beauftragte/r Mediator/in ist ...... aus ....

Der Umfang der Beauftragung umfasst zunächst ...... Stunden. Acht (8) weitere Stunden (= ein Tag) können durch gesonderten Beschluss freigegeben werden, ohne dass es einer weiteren Abstimmung mit dem Arbeitgeber bedarf.

Der Betriebsrat fällt auf Antrag in seiner Sitzung vom ...... daher folgenden Beschluss:

Es wird eine Vergütungsvereinbarung bezüglich der Sachverständigenbestellung von Mediator/in ...... aus ...... gemäß § 80 Abs. 3 iVm § 40 Abs. 1 BetrVG zur Durchführung einer Mediation und insbesondere zur Strukturierung der Konfliktthemen, zur Gestaltung des Kommunikationsprozesses und zur gemeinsamen Erarbeitung von Lösungsmöglichkeiten abgeschlossen.

Die Kosten der Sachverständigentätigkeit ergeben sich aus der Vergütungsvereinbarung, die dem Betriebsrat bei Beschlussfassung vorlag und die auch im Übrigen vollinhaltlich zum Gegenstand dieses Beschlusses gemacht wird. Der Arbeitgeber wird unter Vorlage der Vergütungsvereinbarung zum Abschluss dieser Vereinbarung aufgefordert.

Bei Verweigerung der Zustimmung durch den Arbeitgeber wird die Ersetzung der Zustimmung dem Grunde nach im Wege des arbeitsgerichtlichen Beschlussverfahrens angestrebt.

Beschlussfähigkeit:

Die Beschlussfähigkeit wurde festgestellt. Zum Zeitpunkt der Beschlussfassung waren ...... Stimmen anwesend.

Abstimmungsergebnis:

Beschluss-Nr. ......

Ja-Stimmen: ...... / Nein-Stimmen: ...... /Enthaltungen: ......

Der Antrag wurde angenommen/abgelehnt.

____

Datum und Unterschrift Betriebsratsvorsitzende(r)

Muster 3: Antrag Kostenübernahme für ein Mediationsverfahren

Betriebsrat

der Firma ……

An die Geschäftsleitung

der Firma …… (im Hause)

……, den ……

Aufforderung zur Kostenübernahme für einen Mediator als Sachverständigen

Sehr geehrte Damen und Herren/sehr geehrte/r Frau/Herr ……,

der Betriebsrat hat in seiner Sitzung vom …… beschlossen, zur Durchführung einer Mediation eine/n Sachverständige/n hinzuziehen, da er aufgrund der Komplexität des zu klärenden Konflikts im Betriebsrat nicht über hinreichende eigene Kompetenzen und Kenntnisse verfügt. Die Klärung und Aufarbeitung der Konfliktsituation im Betriebsrat ist nach Ansicht des Betriebsrats dringend erforderlich, um eine konstruktive und auch vertrauensvollen Zusammenarbeit für die Zukunft wieder zu ermöglichen.

Die/Der Sachverständige soll die im Folgenden aufgeführten Aufgaben übernehmen:

- Durchführung eines Mediationsgesprächs
- Strukturierung der Konfliktthemen
- Gestaltung des Kommunikationsprozesses
- Gemeinsame Erarbeitung von Lösungsmöglichkeiten

Frau/Herr …… wurde hierfür als sachverständige/r Mediator/in bestimmt.

Die Abrechnung durch die/den Mediator/in erfolgt auf der Basis von Stundensätzen, pro Stunde wird ein Betrag in Höhe von …… EUR zzgl. USt. abgerechnet. Hinzukommen Fahrt- und ggf. Übernachtungskosten im Zusammenhang mit den Gesprächsterminen vor Ort.

Wir bitten Sie, die Übernahme der Kosten für die/den Sachverständige/n durch Ihre Unterschrift auf der beigefügten Vergütungsvereinbarung der Mediatorin/des Mediators zu bestätigen.

Mit freundlichen Grüßen

____

Unterschrift Betriebsratsvorsitzende(r)

Muster 4: Antrag Kostenübernahme für einen Mediationskurs, § 37 Abs. 6 BetrVG

Betriebsrat

der Firma ......

An die Geschäftsleitung

der Firma ...... (im Hause)

......, den ......

Schulungsveranstaltung gemäß § 37 Abs. 6 BetrVG

Sehr geehrte Damen und Herren/sehr geehrte/r Frau/Herr ......,

in seiner Sitzung vom ...... hat der Betriebsrat den Beschluss gefasst, die Betriebsratsmitglieder Frau ...... und Herrn ...... auf das Seminar ......zu entsenden.

Das Seminar findet vom ......, ... Uhr bis zum ......, ... Uhr in ...... statt und wird vom Anbieter ...... durchgeführt.

Den Seminarplan und eine Kostenübersicht samt Hotelkosten fügen wir zu Ihrer Information bei. Die betrieblichen Notwendigkeiten wurden bei der Festlegung der zeitlichen Lage der Schulungsveranstaltung berücksichtigt.

Das Seminar vermittelt Kenntnisse, die vom Betriebsrat für seine Arbeit als erforderlich gesehen werden, da Mitglieder des Betriebsrats in der Vergangenheit immer wieder in Konfliktfällen im Betrieb zur Unterstützung hinzugezogen worden sind. Gemäß § 37 Abs. 6 BetrVG iVm § 40 Abs. 1 BetrVG ist der Arbeitgeber verpflichtet, die Mitglieder des Betriebsrats von ihrer arbeitsvertraglichen Tätigkeit freizustellen sowie die Kosten der Schulung zu tragen.

Sie werden gebeten, die beigefügte und ausgefüllte Anmeldung samt Kostenübernahmeerklärung zu unterzeichnen und bis zum ...... an den Betriebsrat zurückzuschicken, sodass eine verbindliche Anmeldung vorgenommen werden kann. Bis dahin hat der Betriebsrat bereits eine unverbindliche Reservierung für das Seminar vorgenommen.

Im Falle einer Ablehnung behält sich der Betriebsrat ausdrücklich vor, rechtliche Schritte einzuleiten.

Mit freundlichen Grüßen

____

Unterschrift Betriebsratsvorsitzende(r)

Muster 5: Antrag Freistellung für einen Mediationskurs, § 37 Abs. 7 BetrVG

Betriebsrat

der Firma ......

An die Geschäftsleitung

der Firma ...... (im Hause)

......, den ......

Schulungsveranstaltung gemäß § 37 Abs. 7 BetrVG

Sehr geehrte Damen und Herren/sehr geehrte/r Frau/Herr ......,

in seiner Sitzung vom ...... hat der Betriebsrat den Beschluss gefasst, die Betriebsratsmitglieder Frau ...... und Herrn ...... auf das Seminar ......zu entsenden.

Das Seminar findet vom ......, ... Uhr bis zum ......, ... Uhr in ...... statt und wird vom Anbieter ...... durchgeführt.

Bei dem Seminar handelt es sich um eine Schulungsveranstaltung im Sinne des § 37 Abs. 7 BetrVG, die von der zuständigen obersten Arbeitsbehörde des Bundeslandes ...... als geeignet anerkannt worden ist. Den Seminarplan fügen wir zu Ihrer Information bei. Die betrieblichen Notwendigkeiten wurden bei der Festlegung der zeitlichen Lage der Schulungsveranstaltung berücksichtigt.

Gemäß § 37 Abs. 7 BetrVG ist der Arbeitgeber verpflichtet, die Mitglieder des Betriebsrats von ihrer arbeitsvertraglichen Tätigkeit zur Teilnahme an geeigneten Schulungen freizustellen.

Sie werden gebeten, bis zum ...... die Freistellung der vorbenannten Betriebsratsmitglieder für dieses Seminar zu bestätigen.

Im Falle einer Ablehnung behält sich der Betriebsrat ausdrücklich vor, rechtliche Schritte einzuleiten.

Mit freundlichen Grüßen

____

Unterschrift Betriebsratsvorsitzende(r)

Muster 6: Ablauf einer Mediation (5-Phasenmodell)

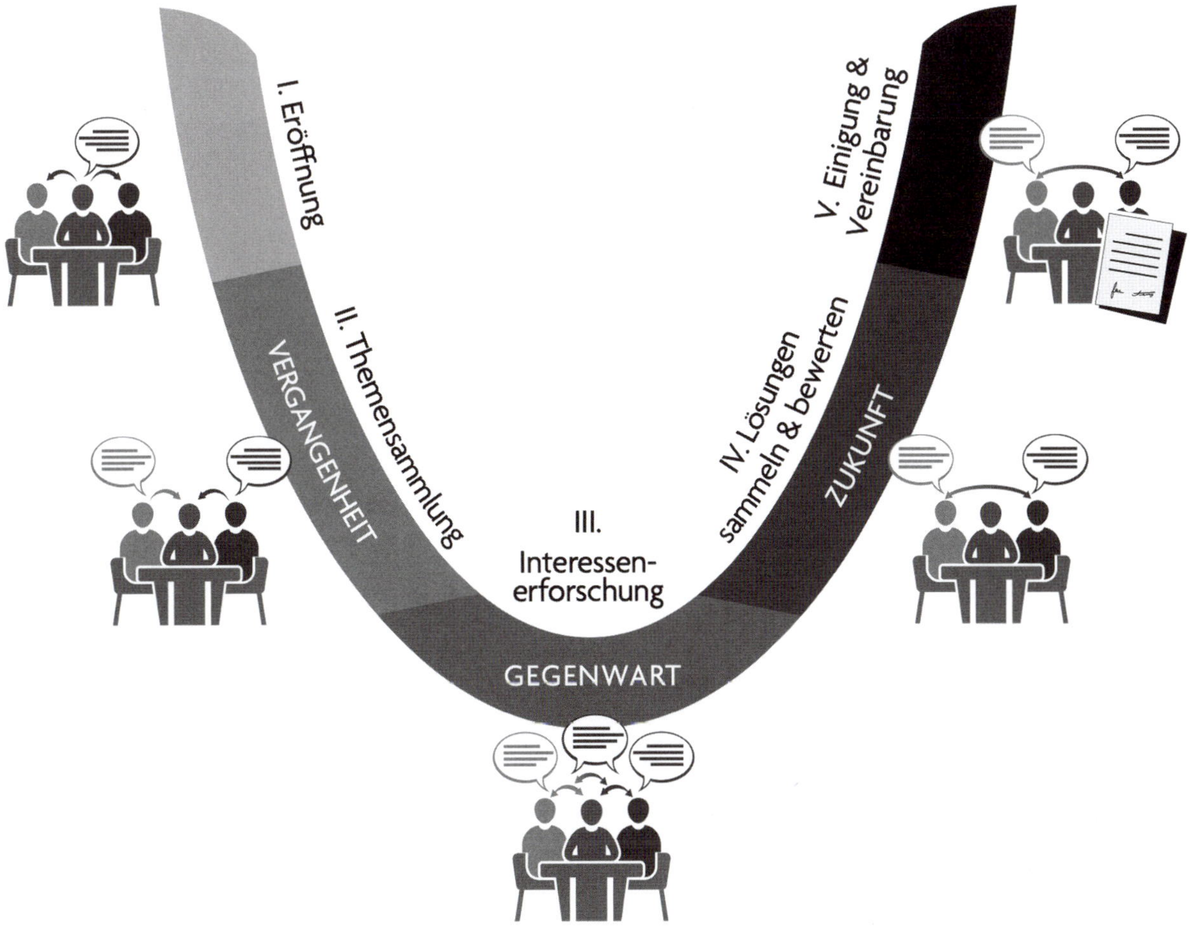

Muster 7: Prinzipien der Mediation

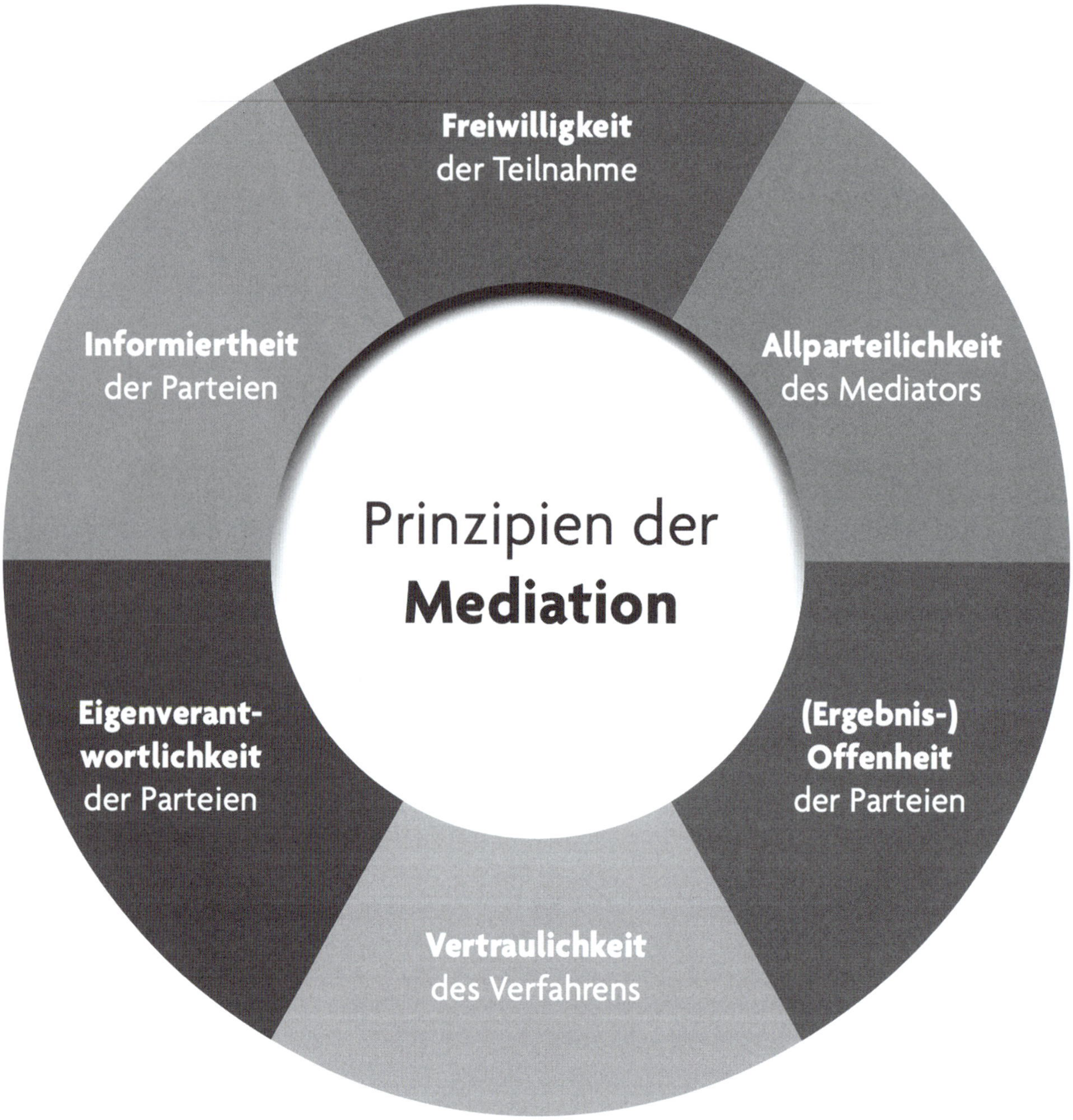